Friedrich Schneider

Adelmar, der Tempelritter

Eine Erzählung aus den Zeiten der Kreuzzüge für die reifere Jugend und

Erwachsene

Friedrich Schneider

Adelmar, der Tempelritter
Eine Erzählung aus den Zeiten der Kreuzzüge für die reifere Jugend und Erwachsene

ISBN/EAN: 9783743326002

Hergestellt in Europa, USA, Kanada, Australien, Japan

Cover: Foto ©ninafisch / pixelio.de

Friedrich Schneider

Adelmar, der Tempelritter

Adelmar,

der Tempelritter.

Eine Erzählung aus den Zeiten der Kreuzzüge

für

die reifere Jugend und Erwachsene.

Von dem Verfasser
von Reinholds Schicksale und der Gemsschützen.

Vierte Auflage.

Mit einem Stahlstich.

Augsburg, 1868.
Verlag von Lampart & Comp.

Erstes Kapitel

Der Diamant der Wüste.

Die brennende Sonne Syriens warf ihre senkrechten Strahlen auf die großen Sandwüsten, welche sich in der Nähe des todten Meeres hinziehen. Das ganze Land umher war noch wie in den Tagen Mosis: „Schwefel und Salz, es wird nicht besäet, trägt nichts und selbst kein Gras wächst auf ihm." Der Sand der Wüste, von der unerträglichen Hitze in feinen Staub verwandelt, ward nur hie und da von dem glühenden Winde, der, alles Lebende vernichtend, durch die trostlose Fläche streicht, empor geweht, und zog dann in rothen Wolken bis zum fernen Horizonte. Kein grünes Blatt erquickt hier das Auge, nur dürre stachlichte Pflanzen wurzeln zerstreut in dem Boden, welcher jenes Gewässer begrenzt, das, keinem anderen der Erde gleich, sich in der traurigen Einöde ausbreitet und unter dem Namen „das tobte Meer" bekannt ist. In seinen Wellen lebt kein Fisch, der eilende Vogel, welcher seinen Flug in jene Gegend richtet, flieht scheu vor dem Ufer des tobten Meeres zurück, denn der Duft, welcher aus dem trüben mit Naphta *) bedeckten Wasser emporsteigt, tödtet alles Lebende mit giftigem Hauche.

Nur der Mensch, dessen Geist über die größten Hindernisse der Natur herrscht, wagt sich durch die traurige Einöde, doch nie allein, will er größere Strecken zurücklegen. Vierzig, fünfzig, ja hundert Männer treten zusammen, um die Wüste zu durchschneiden, und die köst-

---

*) Ein Erdharz.

lichen Erzeugnisse Arabiens von einem Orte zum andern zu schaffen. Das Kameel „das Schiff der Wüste," dient ihnen zum Tragen der reichen Habe und des Wasservorrathes, den sie als nothwendiges Bedürfniß mit sich führen. Aller Glanz des Morgenlandes spiegelt sich in solch' einer Karavane. Der phantastische Anzug, welcher den Araber schmückt, seine reichen Waffen, die im Sonnenlichte funkeln, die sonderbare Gestalt der Kameele, welche mit bunten Decken und allerlei Zierrathen behangen sind; dazu die Führer des Zuges auf den edelsten Pferden hin und her sprengend, bieten einen Anblick, der den Schilderungen der Mährchen entspricht, welche als Lieblingsunterhaltung von dem dortigen Volke erzählt werden. Doch wehe dem Unglücklichen, der sich verirrt von dem rechten Wege und in das Innere des öden Landes geräth; bald ist der berechnete Wasservorrath erschöpft, keine Quelle bietet sich dem Unglücklichen dar; unter unsäglichen Schmerzen verschmachtet er im heißen Sande.

Wie aber das Leuchten der Sonne am blauen Himmelszelte des Menschen Herz erfreut, und ihn zum Danke gegen den allliebenden Vater erhebt, so jauchzet der Wanderer in der Wüste, wenn plötzlich aus der weiten Fläche Palmbäume ihre schlanken Stämme erheben und die langen Blätter, gleich blauen Wölkchen, sich am Horizonte wiegen. „Eine Oase" (Benennung der Stellen, wo sich Wasser findet) ruft er freudig, und munter förbert er seine Schritte nach dem ersehnten Flecken. Bald taucht ein grünes Eiland vor ihm auf, aus dem rothen Sande erhebt sich grüner Rasen, überschattet von herrlichen Bäumen, und wie Musik vernimmt er das Murmeln einer Quelle, die sorgfältig von mildthätiger Hand überwölbt und ummauert, frisch und lebendig hervorrieselt.

Eine solche Oase, wie wir eben geschildert, befand sich auch in dem Theil der Wüste, wohin wir unsern geneigten Leser führen. Es konnte kein anmuthigerer Platz gesehen werden. Hatte schon die Natur verschwenderisch ihre Gaben über diesen einzelnen Punkt in dem todten Lande gestreut, so war, vielleicht schon vor langen Jahren, die Quelle in ein kleines marmornes Haus geschlossen worden, um sie vor den glühenden Strahlen der Sonne zu schützen, die sie ohnstreitig bald versiegt haben würden. „Den Diamant der Wüste" nannte der Araber das glückliche Eiland, und wahrhaftig ein herrlicher Edelstein war sie für den Reisenden, den sein Weg dorthin führte.

Heut war die Quelle von einem Häuflein Krieger umlagert, die sich in dem Schatten der Palmen einer angenehmen Kühlung erfreuten und die ermatteten Kräfte mit Speise und Trank stärkten. Der größte Theil der Männer, deren Anzahl sich auf fünfzig belaufen mochte, hatte Helm und Schild neben sich liegen, und überließ sich einer behaglichen Ruhe, während ihre Rosse das fette Gras, das ringsum den Boden bedeckte, abweideten. Waffen, Rüstung und das ganze Ansehen der Krieger lehrte auf den ersten Anblick, daß es Christen seien, die hier rasteten. Alle waren schwer bewaffnet, vom Kopf bis zum Fuß geharnischt und mit langen spitzen Lanzen versehen, die neben ihnen aufgestellt standen. Jeder trug außerdem über dem Panzer einen kurzen Wappenrock mit einem achteckigen blutrothen Kreuze geziert. Es waren Ritter vom heiligen Orden der Tempelherren, nebst ihren Reisigen, die zur Bekämpfung der Saracenen die Wüste durchstreiften und jetzt in das Lager der Kreuzfahrer, das zwischen Jean d'Acre und Ascalon aufgeschlagen war, zurückkehren wollten.

Begeistert von dem schönen Zweck des Ordens, das geheiligte Grab unsers Erlösers den Händen der Ungläubigen zu entreißen, Blut und Leben an dieses fromme Werk zu setzen und allen Freuden der Welt zu entsagen, hatten sich Männer und Jünglinge aus den edelsten Familien aller christlichen Länder zur Aufnahme unter die Tempelherren gemeldet. — Siebenzig Jahre bestand der Orden zur Zeit, in welche unsere Erzählung fällt, reich und mächtig stand er da; allein trotz den vielen Opfern, die er im Verein mit den Hunderttausenden von

1*

Kreuzfahrern, die nach Palästina zogen, gebracht, war Jerusalem, die Gottesstadt, wieder in die Hände der Anhänger Mohameds gefallen, und rastlos brannte der Vertilgungskampf zwischen dem Kreuz und dem Halbmond. — Ein gefährlicher Feind stand jetzt an der Spitze der Ungläubigen. Salabin, der König der Könige, wie er sich nannte, dem tausend arabische Stämme als Herrn huldigten, ein Mann, eben so weise als tapfer, großmüthig und verschlagen, entriß die mit Christenblut erkämpften heiligen Orte einen nach dem andern wieder und verbreitete Schrecken unter die Anhänger des Kreuzes. Richard Löwenherz, der ritterliche König von England, und König Philipp August von Frankreich, ein durch Politik ausgezeichneter Fürst, standen in Verbindung mit dem Herzoge Leopold von Oesterreich, den Tempelrittern und anderen Kreuzfahrern aus allen Theilen Europas, dem Sultan Saladin gegenüber. Leider aber lag der edle Richard auf dem Schmerzenslager, gepeinigt von einem schleichenden Fieber, das seine Kräfte verzehrte; Phillipp August dachte insgeheim schon an den Rückzug nach Frankreich, wo seine Gegenwart von höchster Nothwendigkeit war, und Muthlosigkeit war in die Herzen der Truppen geschlichen. Und Tag und Nacht beunruhigten die Streifhorden der Saracenen das christliche Lager; wie der Blitz erschienen sie an den Vorposten, mütheten mit Feuer und Schwert unter den Christen und waren eben so schnell wieder verschwunden. Die Tempelherren, denen durch ihren langjährigen Aufenthalt in Palästina die dortige Kriegsführung am Bekanntesten war, kämpften unaufhörlich gegen den unbarmherzigen Feind. In einzelnen Zügen durchstreiften sie die Wüste und suchten oft den Märtyrertod zu Ehren ihres gekreuzigten Heilandes. — So war die Lage der Dinge zur damaligen Zeit, kehren wir jetzt an die liebliche Quelle in der Wüste zurück.

Unfern von ihren Leuten ruhten die zwei Anführer der Templer in vertraulichem Gespräche. Der eine von ihnen, ein Mann schon in den höhern Jahren, hatte den bepanzerten Arm auf die Stufen des Brunnens gestützt; in seiner Hand ruhte das edle Haupt, das von einer scharlachrothen, mit Pelz verbrämten Kappe bedeckt war, unter der das kurzgeschnittene dunkle Haar nur wenig hervorschaute; sein Helm und Schwert lag neben ihm am Boden und ein weiter leinener Mantel ließ nur hier und da die reiche Rüstung sehen, welche die hohe Ge= stalt schützte. Das Antlitz des Mannes war ehrfurcht= gebietend; von der glühenden Sonne Palästinas dun= kelbraun gebrannt und von mächtigem Barte beschattet, ließ es keinen Zweifel übrig, daß der Ritter schon lange Jahre in dem heißen Himmelsstriche lebe; eine breite Narbe auf der Stirn und eine quer über die Wange, zeigten, daß er schon so manches heiße Gefecht getheilt haben mochte. — Sein Gefährte, der sich mit dem Rücken an eine Palme gelehnt hatte, stand im blühendsten Alter der Kraft. Schlank und kräftig gebaut, wie der ältere Krieger, trug er dasselbe Gewand und Waffen wie die= ser. Seine Züge, obgleich ebenfalls gebräunt, waren regelmäßig und schön. Lange blonde Locken umwallten das stolz aufgerichtete Haupt, aus dem die großen blauen Augen feurig hervorblitzten und jetzt mit freundlichem Ausdrucke auf dem ältern Ritter ruhten. Die beiden Krieger waren Niemand Anderes, als Graf Heinrich von Aarstein, Großcomthur des Tempelordens, und sein Neffe und Waffenzögling Adelmar von Aarstein, die sich in ein langes Gespräch über ihr fernes Vaterland ein= gelassen hatten, und bei den angenehmen Erinnerungen Alles zu vergessen schienen, wäre nicht ihr Auge fort= während über die sie umgebende Fläche geschweift; denn es bedurfte fortwährender Wachsamkeit in dieser un= ruhigen Zeit.

„Ich sage Dir," begann der Großcomthur nach einer längeren Pause, „es ist hier nicht Alles, wie es sein soll. Ich spreche nicht von den Gefahren und Ent= sagungen, die unserm Orden auferliegen; mein muthiger Adelmar hat sie vorher gekannt und wird sie zu tragen wissen. Nein, es ist der Geist des Unmuths, der Muth=

losigkeit und des Erschlaffens des lebendigen Feuers, welches den Kreuzfahrer beseelen soll; diesen fürchte ich mehr, als den kriegerischen Saladin mit seinen Schaaren, und ich mache Dich vertraulich darauf aufmerksam, damit Du auf Dich selbst achtest und jener Feind keine Gewalt über Dich hat."

„Wohl habe ich gesehen, was Du mir da sagst, theurer Oheim," erwiederte Adelmar, „und es hat mir in der Seele weh gethan, daß es so und nicht anders ist. — Als ich Gott gelobte, das Kreuz zu nehmen und zu ziehen nach Palästina, um den theuren Vater zu suchen, der mit Dir, als ich noch ein Knabe war, ins gelobte Land pilgerte, so zitterte mir das Herz vor Freude. Ich sah mich schon kämpfen und siegen, sah im Geiste, wie der Vater, den die Ungläubigen gefangen, durch die Hand des Sohnes gerettet wird aus Ketten und Banden. Aber wie ist der schöne Traum entflogen, wo ist sie hin die Begeisterung, welche die ersten Kreuzfahrer Jerusalem erobern ließ? Keine Spur ist mehr da, Zwist und Spaltungen herrschen unter unsern Fürsten, und schleichen sich von ihnen aus bis in das Zelt des gemeinen Mannes. Nur Du, mein Oheim, bist noch ein ächter Ritter des Kreuzes, und glücklich bin ich, daß Du mir zur Seite stehst. Was meinst Du, sollte uns der Himmel wohl noch das Glück schenken, den Vater wieder zu finden, weilt er noch unter den Lebenden, oder hätte der Himmel über seine Tage bestimmt, ohne daß ich ihn noch einmal sehen könnte auf dieser Welt?"

„Gottes Führungen sind wunderbar," sprach der Comthur, „laß uns glauben und hoffen, daß er uns wieder gegeben wird! Alle Nachrichten, die ich eingezogen seit vielen Jahren, haben mir noch kein Licht über sein Schicksal gegeben. Seit jenem Unglückstage, wo wir beiden Brüder getrennt wurden, er, von dem Feinde gefangen, in's Innere des Landes geführt, während ich, aus tiefen Wunden blutend, am Boden lag, hörte ich nichts mehr von ihm."

Eine plötzliche Unruhe bemächtigte sich mit einem

Male der Ritter und hell erschallte der Ruf der ausgestellten Wachen, die in rasender Eile über die Fläche gesprengt kamen. „Auf zu Roß, Ihr Ritter des Kreuzes," ertönte des Comthurs gewaltiges Commandowort, und in wenigen Minuten erwarteten die Männer den kommenden Feind.

Ein dunkler Streif bewegte sich am Ende der Wüste gegen die Templer. Bald blitzten Waffen im hellen Sonnenglanze und mit Windeseile jagte ein Trupp Saracenen über die Ebene. Ihre unübertrefflichen Pferde schienen kaum den Boden zu berühren. Fünfzig Schritte von den Rittern hielten sie, und breiteten sich aus, einen Halbmond bildend. Ihre Anzahl mochte die der christlichen Streiter wohl um das Doppelte übersteigen, was die Letztern jedoch keineswegs beunruhigte, da ihnen ihre Waffen gegen die, in leichte fliegende Gewänder gehüllten, Söhne der Wüste kein geringes Uebergewicht gaben. Sie hielten unbeweglich Mann an Mann, während die Feinde eine Wolke von Pfeilen gegen sie sandte, die aber größtentheils an den Schilden und Panzern abprallten. — Ergrimmt über die Ruhe der Christen die nicht einen Schritt vor noch rückwärts wichen, sprengte der Anführer der Saracenen vor die Fronte seiner Leute, hob den blitzenden Damascener hoch in der Rechten und mit dem lautschallenden Rufe „Allah"*) stürmten die Krieger in die Reihen der Templer.

Bald war der „Diamant der Wüste" ein einziges Schlachtfeld. Lanzen und Schwerter, Streitäxte und Säbel klirrten gegen einander. Aber Gott verlieh dem Kreuz den Sieg! Unter den sieggewohnten Schwertern der Templer stürzten die Ungläubigen, wie Halme unter der Sense des Schnitters. Vergebens bot der feindliche Anführer, kühn und verwegen wie der Löwe seiner Wüste, Alles auf, den Muth der Seinigen zu beleben. Im dichtesten Handgemenge blinkte sein weißer Turban, wüthete sein Damascener unter den Christen. Nur ein

---

*) Arabischer Name Gottes.

kleines Häuflein umgab ihn noch; aus tiefen Todes=
wunden verbluteten die Andern unter den Hufen der Rosse.

Neben dem Oheim kämpfte Ablmar, unaufhaltsam
vordringend in die gelichteten Reihen des Feindes. —
Sein Auge verfolgt den kühnen Emir, er brennt vor
Begierde, sich mit ihm zu messen. „Du erlaubst doch,
Oheim?" fragte er den Comthur, mit der Klinge auf
den Feind zeigend. Bejahend neigt dieser das Haupt,
und Alles vor sich niederwerfend, sprengt der Jüngling
gegen den Saracenen. Bald hält er ihm gegenüber.
Einen Augenblick messen sich der Christ und Mohame=
daner mit den Augen. Beide sind jung, in der Blüthe
des Lebens, beide tapfer und kühn. Jedes andere Ge=
fecht um sie her ist beendet, Alles schaut nur auf den
Kampf, der so eben beginnen soll. — Bald rechts, bald
links leitet der Emir mit unnachahmlicher Gewandtheit
sein edles Roß, um den gewaltigen Streichen des Chri=
stenritters auszuweichen, während sein Auge eine Blöße
seines Gegners auszuspähen sucht. Lange bleiben seine
Versuche nutzlos, des Templers mächtiges Schild fängt
die leichte Klinge auf. Aber immer erneuert der kecke
Feind seine Versuche, und endlich blutet Abelmar an
der Schulter. Eine dunkle Röthe steigt in dem Antlitz
des Ritters auf; mit beiden Händen erfaßt er sein mäch=
tiges Schwert und einen sichern Hieb führt er gegen das
Haupt des Emirs. Vergeblich deckt sich dieser mit dem
leichten Schilde gegen den Streich, zerschmettert entfällt
dasselbe seiner Hand, und schwer getroffen stürzt er vom
Pferde. Mit dem Falle des Führers sinkt auch der
Muth der Seinigen; sie werfen die Waffen weg und
ergeben sich auf Gnade und Ungnade den Templern.

Neben dem verwundeten Emir kniete Abelmar. In
seinem Arme lag der edle Feind, gleich einem Marmor=
bilde regungslos, während aus der tiefen Stirnwunde das
Blut hervorrieselte. Thoringer, des jungen Ritters Knappe,
war beschäftigt, einen Verband herzurichten; denn obgleich
die Wunde tief sei, behauptete der alte erfahrene Diener,
glaube er doch, daß der Ungläubige zu retten sei.

Abelmar hatte indeß Gelegenheit, seinen Feind genauer zu betrachten. Noch glühte die Röthe des Zorns auf den dunklen Wangen des Emirs, als der Christenritter ihn vom Boden aufhob; krampfhaft umfaßte die Rechte die Waffe, unter deren Streichen so Mancher heut gefallen war. Die Augen, von dunkeln langen Wimpern beschattet, waren geschlossen, der schwarze Bart, der in reichen Locken das Kinn umgab, von Blut geröthet; ebenso das mit funkelndem Geschmeide bedeckte grüne Gewand. Mit innigem Mitleide ruhte das Auge des Templers auf dem Verwundeten. „Auch Du," sprach er ernst, fielst als Opfer Deines Glaubens, wenn dieser schon ein Wahn ist; auch Du vergossest Dein Blut für einen falschen Propheten, wie schon Tausend und aber Tausend Deiner Brüder. O, daß der herrliche, Versöhnung und Bruderliebe lehrende, Glaube Jesu Christi von den Menschen endlich verstanden würde, und nicht der Bruder den Bruder mordete, im unseligen Wahne!"

„Wie gehts mit dem Verwundeten?" fragte der Comthur, das Selbstgespräch des Jünglings unterbrechend. „So Gott will," erwiederte dieser, „wird er genesen; Du vergönnst mir doch, den überwundenen Feind in meinem Zelte heilen zu lassen?" „Warum sollte ich nicht?" sprach prüfend der Oheim, „durch das Recht der Waffen ist er Dein Sklave, Du der Herr seines Lebens, das eigentlich nach dem Gesetz des Ordens dem Tode verfallen ist. Was willst Du übrigens mit ihm? laß ihn liegen und verbluten, er hat der Unsrigen Viel erschlagen, und was hat der Tempelritter Abelmar mit einem ungläubigen Hunde zu schaffen?"

„Das ist Dein Ernst nicht, Oheim!" rief Abelmar, „Dein Herz weiß nichts von den Worten, „welche die Zunge sprach. Was ich will mit dem Verwundeten? brauche ich Dir zu sagen, daß ich ihn heilen und dann belehren will zu unserm heiligen Glauben. Könnte ich wohl dieß junge, blühende Leben hier versiegen lassen, wo noch Rettung möglich ist? Ist es doch so leicht, den sterblichen Theil des Menschen zu tödten, aber ist es nicht schöner, den Feind uns dankbar zu machen? Entspringt nicht aus Dankbarkeit Liebe, und aus der Liebe der Glaube, der das Erste ist von Allem. — Siehe in dieses edle Antlitz; diese schöne Hülle kann keine schlechte Seele bergen, mir ist es zu Muthe, als müßte ich den Feind an mein Herz drücken, ihn umarmen, als sei er mir ein lieber Freund, der im Kampfe an meiner Seite, aber nicht durch mich gefallen. Ich weiß, mein Oheim, Du fühlst, Du denkst wie ich und zürnst Deinem Zögling nicht."

Gerührt umarmte der Comthur den hochherzigen Jüngling, dessen Herz er nur versuchen wollte mit hartem Worte. Der Emir ward auf eine Tragbahre gelegt, welche die Knechte aus ihren Lanzen und biegsamen Zweigen gebildet, und der Weg gegen das Lager eingeschlagen.

Zweites Kapitel.

Die Heilung.

Nuharebbin, der gefangene Emir, erwachte aus der tiefen Ohnmacht, in der er drei Tage lang gelegen. — Wild blickte er umher, als er sah, wo er sich befand, als er Adelmar erblickte, der an seinem Lager stand, und mit einem unwillkührlichen Freudenrufe das Erwachen des Kranken feierte. Dieser aber, vielleicht noch in der Meinung, es sei Alles ein böser Traum, der ihn martere, schloß mit einem tiefen Seufzer die Augen und verfiel auf's Neue in die tiefe Ohnmacht, die ihn bis jetzt umfangen. "Gelobt sei Gott," sprach der Arzt, der nebst Adelmar nur wenig von des Verwundeten Lager gewichen, "die Gefahr ist vorüber." "Ich fürchte nur," erwiederte Adelmar, "die bittere Täuschung, wenn er über seinen Zustand im Klaren ist, wird uns entgegearbeiten." „Ihr habt Recht, Herr," meinte der Arzt, allein glaubt mir, in dem Körper des Ungläubigen wohnt eine starke, kräftige Seele, ich denke, sie wird nicht unterliegen."

Wie der Arzt vorausgesagt, traf es ein. Wohl tobte der Verwundete im gewaltigen Schmerze, als er sah, er sei in die Hände der Feinde gefallen. Bald lag er auf den Knieen, rang die Hände im eifrigen Gebete zu seinem Propheten, bald weinte und schluchzte er, daß Abelmar mit nassem Auge das Zelt verließ. Keine Minute durfte der Arme allein sein, da er oft in der Verzweiflung versuchte, den Verband von der Wunde zu reißen, woran er nur mit großer Gewalt verhindert werden konnte. Nach und nach wurde er milder. Mit einem unaussprechlichem Blicke folgte er allen Bewegungen Abelmars. In den wenigen lichten Stunden, die er während seiner Krankheit hatte, sah er die zarte Aufmerksamkeit, die ihm der Templer schenkte; Nuharebbin war dankbar und mit aller Kraft unterdrückte der feurige Orientale die Wildheit, welche in seinem Innern aufloderte. Blickte er in Abelmars blaues Auge, das nicht mehr zornig, wie im Kampfe, ihm entgegen leuchtete, sondern voll inniger Theilnahme mild auf ihm ruhte, dann zog, wie der erste Hauch des Frühlings über die Erde, ein freundlicher Zug über das edle Antlitz.

Noch hatte der Emir kein Wort gesprochen, Abelmar war deßhalb in der That überrascht, als ihm eines Tages der Kranke winkte, sich neben sein Lager zu setzen. Der Jüngling gehorchte. Nicht ohne Anstrengung erhob sich Nuharebbin aus der liegenden Stellung, in der er sich befunden, richtete sich halb empor und die Hand auf ein Kissen stützend, begann er mit schwacher, aber tief erschütternder Stimme: „Ich danke Dir, Christ, für das, was Du an mir gethan. Möge Allah Dich segnen, Dich und Deine Nachkommen. Möge die Palme des Friedens das Dach Deines Hauses beschatten und Du geachtet sein auf Erden. Deine Kraft hat Dir den Sieg über mich verliehen, bei Mohamed, dem Propheten

Gottes, noch hat kein Mann Nuharebbin, den Emir am
Libanon, überwunden. Glaube mir, Nazarener, mein
Dank gegen Dich ist groß, denn Du hast mehr an mir
gethan, als mein Mund aussprechen kann. Es ist das
Schicksal des Kriegers, zu siegen oder überwunden zu
werden; ich habe Unrecht gethan, zu klagen wie ein
Weib, denn Allah ist groß und seine Kinder müssen sich
fügen. Du hast Nuharebbin's Tage gerettet, hast ihn
wie einen Bruder gepflegt, er lag in Deinem Zelte, auf
Deinem Lager, und Du versagtest Dir die Erquickung
des tröstenden Schlafes, um bei Deinem Sklaven zu
wachen. Ich habe Dich gesehen in den Stunden, wo
der Todesengel über mir schwebte, ich habe Dich gesehen
in den Stunden, wo mein Geist irre war. Ich habe
gewüthet und gerast, und meine Hand versuchte den
Verband zu zerreißen, der mein Blut, den Strom des
Lebens, aufhielt, Du hast mich daran verhindert, Du
der Feind meines Glaubens, Du hast dieses Alles gethan! Ich habe Euch Franken geachtet, weil ich Eure
Tapferkeit so oft erprobt, aber Du hast mich sie lieben
gelehrt. Nun wohlan, beim Barte des Propheten, ich
will Dir das nie vergessen. Ich will Deiner Spur folgen, wie das Lamm der Mutter, der Wink Deines Auges
soll meine Schritte leiten, so lange ich bei Dir und Dein
Sklave bin. Schenkt mir aber Allah, der Beherrscher
der Welt, einst die Freiheit wieder, so hat sie nur Werth
für mich, Dir als freier Mann auf andere Weise zu
danken." Mit thränendem Auge hatte der Emir diese
Worte gesprochen, dann faßte er des Templers Hand
und drückte sie an sein Herz. „Meine Religion," erwiederte Adelmar gerührt, „befiehlt, den Ueberwundenen
zu schonen und feurige Kohlen auf dem Haupte des
Feindes zu sammeln. Ich that nur meine Pflicht, die
mir leicht ward, weil Du ein Feind warst, den ich achten mußte. Wohl weiß ich, daß Ihr Eure Gefangenen
zu niedrigem, schimpflichen Dienste verbannt; sie gleich
dem Zugthiere in den Pflug spannt und ihre Glieder
mit Lumpen bedeckt. Ihr kennt nicht die Barmherzigkeit

gegen den Ueberwundenen; Tausende meiner Brüder haltet Ihr in Gefangenschaft, die nie Aussicht haben, in
ihr Vaterland, in die Arme ihrer Angehörigen zurückzu-
kehren. Ihr geißelt den wehrlosen Pilger, der aus fernem Lande zum Grabe seines Heilandes wandert, dort
zu beten. Darum sind wir nach Palästina gezogen, Euch
die heilige Stätte zu entreißen und euer und unser Blut
ist schon in Strömen geflossen; aber fürchte nicht, daß
ich Gleiches mit Gleichem vergelte. Dir die Freiheit
schenken, kann und darf ich nicht; es wäre ein Verbrechen
an meinen Brüdern, gäbe ich Dir die Waffen von Neuem
in die Hände. Doch meine nie, daß ich Dich zum Sklaven erniedrigen werde. Ich will Dich ferner pflegen,
bis Dich Gott wieder gestärkt hat; in meinem Zelte sollst
Du ruhen, und ich will Dir das Unglück, gefangen zu
sein, erleichtern, wo ich kann."

Nach diesen Worten erhob sich der edle Jüngling,
und entzog sich den Danksagungen Nuhareddin's, der
nicht genug Worte finden konnte, seine Gefühle auszu-
sprechen.

Mit jedem Tage stärkten sich die Kräfte des Saracenen, und unbewußt entspann sich zwischen ihm und
Adelmar ein inniges Band der Freundschaft. Der Großmeister des Ordens und der Comthur, Adelmars Oheim,
hatten dem Ritter die Erlaubniß gegeben, Nuhareddin
bei sich zu behalten. So saßen denn die beiden fast
immer zusammen und der Emir hörte mit gespannter
Aufmerksamkeit auf des Templers Worte, der mit glühender Beredsamkeit ihm von seiner Religion und göttlichen
Dingen sprach. Einst forderte ihn Adelmar auf, seine
Lebensgeschichte zu erzählen. „Ich weiß," sprach er,
„daß ich Dir alte Wunden aufreiße, allein mein Mund
wird Dich trösten."

„Du weißt, Freund Adelmar," erwiederte Nuhareddin, „daß ich Dir nichts abschlagen kann und for-
dertest Du mein Leben, was ich Dir ja so erst verdanke,
ich gäbe es willig, wüßte ich, daß es Dir nützen würde.
— Mein Geburtsland ist Kurdistan, und Niemand kennt

eine edlere Familie als die Selfoolische. In der Blüthe meines Lebens verlor ich Vater und Mutter. Kaum vier Jahre alt, fanden mich herumstreifende Araber vor dem Hause meines Vaters, das die Christen zerstört hatten. Einer von ihnen, Abballah el Hakim, war Oberhaupt des Stammes, und da ihn Allah nicht mit Kindern gesegnet, erbarmte er sich des verwaiseten Knaben. Unter seinen Augen verfloß meine früheste Jugend. Wie sollte ich Dir diese glückliche Zeit schildern, auch Du warst jung und denkst gewiß mit Sehnsucht an die ersten Träume Deiner Kindheit. Von meinem frühern Leben, ehe mich Abballah fand, wußte ich wenig mehr, nur meinen Namen: „Nuharebbin" konnte ich sagen und so ward ich auch ferner genannt. — Abballah nahm mich nach einem Jahre vor dem ganzen Stamme förmlich an Kindesstatt an, er liebte mich zärtlich, und ich war glücklich, konnte ich ihm Freude machen. Kaum acht Jahre alt, wußte ich das wildeste Roß zu bändigen, und an der Grenze des Knabenalters zog ich fast jeden Tag in die Wüste, den gewaltigen Löwen, die Hyäne und die wildesten Raubthiere zu bekämpfen. Meine Verwegenheit grenzte an Tollkühnheit und ich war geachtet von Groß und Klein. — Es war dieß, muß ich wiederholen, die glücklichste Zeit meines Lebens. Wie aber der Samum *) mit tödtendem Hauche unser Land durchstreicht, so welkten unter dem Unheil, das stets den Fersen des Menschen folgt, die Blumen meiner Freuden. Mein Vater zog aus zum Kampfe gegen Euch, ich weinte vor Kummer, daß ich ihn nicht begleiten konnte, da er mich noch zu jung hielt, an seiner Seite zu kämpfen. Oft blieb er Wochen lang aus, kehrte aber immer glücklich und siegreich zurück. Das Jubelgeschrei der Krieger, die mit ihm gezogen, tönte jedes Mal schon von Weitem uns Zurückgebliebenen entgegen. Wie freudig sprang ich auf mein Roß, um mit Windeseile in

---

*) Ein heißer Wind, der in der Wüste weht und selbst über das Meer in die südlichen Länder Europas bringt.

die Arme des geliebten Greises zu fliegen; hatte ich doch jede Stunde den hohen Dattelbaum bestiegen, der neben unserm Zelte emporragte, um zu erspähen, ob er noch nicht zurückkomme; wie selig war ich, als ich an seiner Brust lag.

Eines Tages, o daß ich ihn nie gesehen, saß ich wieder auf der schlanken Palme und meine Augen schweiften über die weite Wüste. Und siehe, am fernen Horizonte stieg eine Staubwolke empor. „Sie sind es," rief ich freudig, „es ist der Vater mit den Seinen," jauchzte ich. Aber kein Freudengeschrei der Krieger tönte uns entgegen, still und finster kamen sie gezogen, in ihrer Mitte eine Tragbahre. Auf ihr lag mein Vater, mein theurer, geliebter Vater, bleich und blutig. Ich stürzte neben ihm nieder, bedeckte ihn mit meinen Küssen. Noch einmal schlug er die Augen auf, mit der innigsten Zärtlichkeit blickte er mich an und legte die Hand auf mein Haupt. „Nuharebbin, mein Kind," sprach er matt, „ich muß Dich verlassen, „Allah sandte mir seinen Engel, auf daß ich die Freuden des Paradieses genieße. Gedenke der Lehren Deines Vaters, meine Stunde ist gekommen und ich kann Dich nicht mehr warnen. Lebe wohl, mein Sohn!" Er wollte sich noch einmal erheben, um mich zu umarmen, die Kraft gebrach ihm, — mein Vater ruhte todt an meiner Brust."

Nuharebbin schwieg und verhüllte sein Gesicht. Abelmar unterbrach ihn nicht, er ließ den Schmerz der Erinnerung austoben. Mit männlicher Kraft faßte sich endlich Jener und fuhr fort:

„Was soll ich Dir noch ferneres jetzt erzählen. In stummer Verzweiflung folgte ich dem Zuge, der des Vaters irdische Hülle zum Grabe geleitete. Düster tönte der Grabgesang, noch höre ich die Klänge, die mein Herz durchbebten. — Kaum achtzehn Jahre alt, stand ich jetzt an der Spitze meines Stammes. Ich haßte die Franken, denn sie hatten mir den Vater erschlagen, in Eurem Blute wollte ich die heiße Rache kühlen, nach der ich dürstete. Ich war stets siegreich und Nuharebbins

Name wurde mit Ehrfurcht genannt unter den Söhnen der Wüste. Fast sind es drei Jahre, daß ich in stetem Kampfe mit Euch lebe, an Deiner Tapferkeit scheiterte mein Glück. Doch glaube nicht, daß Nuharebbin je seine Hand in das Blut eines Wehrlosen tauchte, daß er einen Gefangenen schimpflich behandelte. Bei Mohamed, dem Propheten Gottes, ich bin Euch stets im offenen Kampfe gegenüber gestanden, allein ich mußte zu jeder Zeit den tapfern Feind zu schätzen."

Unter derlei Gesprächen und Erzählungen ihrer Schicksale verbrachten die Jünglinge ihre Zeit, wenn Adelmar nicht im Dienste war. Nuharebbin bekam von der Religion der Christen bald andere Begriffe, und sein Herz neigte sich unbewußt zu dem herrlichen Glauben hin, den Adelmar mit Feuereifer ihn kennen lehrte.

***

Drittes Kapitel.

Die Sendung.

In seinem Zelte saß Sir Giles Amauri, Großmeister der Tempelritter. Orientalische Pracht schmückte sein Gemach. Die Wände des großen Zeltes waren mit dunkelrothem Sammet bedeckt, der mit goldenen Stickereien und Franzen fast überladen war. In der Mitte stand unter einer Art Thronhimmel von schwerer Seide ein Sessel von sonderbarer Form und reichen Verzierungen, über dem auf weißem Grunde das große blutrothe Kreuz des Ordens prangte. Tische und niedrige Tabourets füllten den übrigen Raum, und an schön geschmückten Pfeilern blinkten Waffen, Standarten und eroberte Siegestrophäen aller Art.

Der berühmte Großmeister der Tempelritter war ein langer, dürrer, von den Strapazen des Krieges abgezehrter Mann, mit stechendem durchbohrendem Blicke und einem Antlitze, auf dem tausend finstere Intriguen eine Düsterheit geprägt hatten, die den Kühnsten zurückschreckte. Strebend nach Vergrößerung seiner Macht, Alles aufbietend, den Orden, dessen Leitung in seiner Hand lag, groß und gefürchtet zu machen, hatte er sich schon mancher Mittel bedient, die seinen Pflichten als Meister eines christlichen Ordens gerade zuwider handelten. Die Kreuzfahrer hielten ihn allgemein im Verdacht, ein geheimes Bündniß mit Saladin zu haben. Die stete Verschlossenheit des Niemanden zugänglichen Mannes, so wie das geheimnißvolle Dunkel, das er über die Regierung des Ordens und dessen Unternehmungen geflissentlich verbreitete, hatte ihm selbst unter den Christen den Ruf eines Zauberes erworben. Von den Rittern des Ordens war er gefürchtet, aber nicht geliebt. Seine Macht war unbeschränkt über jedes einzelne Glied der Verbindung, keine Widerrede galt, wo er befahl, selbst der Versuch dazu war ein Verbrechen.

An dem Tage, von welchem wir sprechen, hatte er die ersten Würdenträger des Ordens um seinen Thron versammelt. Zwei Comthure, der Drapier, zwei Großprioren und zwei Marschälle, nebst noch mehreren in Schlachten ergrauten Rittern, harrten in ehrfurchtsvollem Schweigen, was der Herr ihnen verkünden würde. Nachdem der Großmeister mit einem langen Blicke die Versammlung gemessen, erhob sich seine majestätische Figur in den weiten Prachtgewändern, die ihn umhüllten, und in der Rechten den abacus, den geheimnißvollen Stab seiner Amtsgewalt haltend, begann er mit fester Stimme:

„Ritter des Ordens vom heiligen Grabe! höret auf die Stimme Eures Meisters und führt sie vom Ohre zum Herzen. Ich komme aus der Versammlung der Fürsten sämmtlicher Kreuzfahrer, vernehmt, was allda beschlossen. Nachdem der Zustand der königlichen Majestät von England, Richard, mit jedem Tage neue Muthlosigkeit im Lager der Kreuzfahrer verbreitet und das schleichende Fieber, das die Löwenkraft des kranken Monarchen zähmt, ihn vielleicht für immer fern vom

Schlachtfelde halten dürfte, da ferner die königliche Majestät, Phillipp von Frankreich, durch innere Zwistigkeiten im eigenen Lande lebhaft die Rückkehr wünscht und die andern Führer der Kreuzfahrer, als Herzog Leopold von Oesterreich und Konrad von Montserrat sich in diesem Falle zu schwach halten, den Kampf ferner fortzusetzen, so haben Alle, außer Richard von England, einstimmig beschlossen, Saladin den Frieden anzubieten und ihre Heere aus Palästina zurückzuziehen. Meine Politik gebot mir, beizustimmen, obgleich ich nicht gesonnen bin, je Frieden mit einem ungläubigen Hunde zu schließen. Es ist gut, daß diese sogenannten Kreuzfahrer in ihre Länder zurückkehren, sie haben unserm Orden nichts genützt, wohl aber wir ihnen, und ich baue mehr auf unsere Kraft, als auf die Hülfe dieser Tausende, die weder Muth noch Ausdauer haben. Ich will jedoch die Bedingungen, die wir dem Sultan zu machen gedenken, unterzeichnen, um Frieden zu erhalten. Die dadurch gewonnene Zeit werde ich benützen, Söldlinge zu werben, überhaupt uns zu verstärken, und dann wüthe unser Schwert auf's Neue in den Reihen der Saracenen. — Es ist mir von den Fürsten übertragen worden, einen Gesandten auszuwählen. Großcomthur von Aarstein! Ihr werdet morgen früh Euren Neffen zu mir schicken, ich will ihn mit der Sendung beauftragen." — Der Großcomthur verneigte sich schweigend.

„Ihr seid entlassen, Ihr Herren," wandte sich der Großmeister an die Versammlung, und ehrfurchtsvoll verließen die Männer das Zelt.

Zur befohlenen Zeit stand Adelmar vor dem Großmeister.

„Ich bin Euch noch eine Belohnung schuldig für Eure letzte Waffenthat, Ritter," begann dieser.

„Ich that meine Pflicht, Herr," erwiederte der Ritter bescheiden.

„Und seid nicht hoffärtig, das ist eine wahre Zierde für einen Streiter Gottes. Doch zur Sache. Ich bin mit Euch zufrieden und zum Lohne dafür beauftrage ich

Euch mit einer Sendung, deren Wichtigkeit ich nur ge=
prüften Männern, wie Euch, anvertrauen kann. Ihr
empfangt von mir hier zwei Schreiben; dieses, auf
einfachen Pergament, bringt Ihr nach Engabbi zu Bru=
der Theodorich, dem Einsiedler der Wüste. Dieses aber,
in Gold und Seide gehüllt, gehört für Sultan Saladin
selbst. Ihr nehmt zehn unserer Speerreiter, leicht be=
waffnet, mit Euch und schlagt den Weg nach den Wild=
nissen von Engabbi ein. Der Weg wird Euch fremd
sein, Ihr bedürft also eines Führers, laßt mich überle=
gen, wen ich Euch dazu mitgebe."

Der Großmeister schritt bei diesen Worten einige
Mal im Zelte auf und ab. Plötzlich durchzuckte ihn
ein Gedanke.

„Ha! bei St. Georg," rief er schnell, „was mir
einfällt. Was haltet Ihr von dem Sklaven, den Ihr
in Eurem Zelte habt heilen lassen? Er ist zwar ein
Ungläubiger, ein Kind des Verderbens, allein selbst das
Thier ist dankbar, wenn man seiner Krankheit pflegt.
Was meint Ihr, sollte der Saracene treu sein, wenn
Ihr ihn zum Führer nehmt?"

„Ich getraue mir für ihn zu haften," sprach Abelmar.

„Wohlan so nehmt ihn mit Euch und laßt ihn
tödten, wenn er sich nicht redlich zeigen sollte. Ihr
müßt ihn natürlich in ein christliches Gewand kleiden
und einige Eurer Begleiter zur Beaufsichtigung des Un=
gläubigen kommandiren. Daß er die Wüste und den
Weg nach Engabbi kennt, daran zweifle ich nicht, da
er, wie ich durch Euch vernahm, in jener Gegend zu
Hause ist. Was den übrigen Theil Eurer Sendung
anbetrifft, so werdet Ihr das Weitere von Theodorich
selbst erfahren; der heilige Mann steht bei Christen und
Saracenen in hohem Ansehen und Saladin achtet ihn
hoch, wegen der erhabenen Gabe der Weissagung, die
der Himmel dem Einsiedler verlieh. Saladin wird Euch
empfangen, wie es einem Gesandten geziemt. Ihr aber
mögt stets bedenken, was Ihr Eurem Orden, was Ihr
uns schuldig seid. Geht mit Gott, Ritter."

2*

Viertes Kapitel.

Die gefährliche Wallfahrt.

Zwischen den Felsen der Wildniß Engabbi zog ein
Häuflein christlicher Streiter.

Finster und unheimlich war der Anblick der steilen
und unfruchtbaren Berge, die, auf einmal aus dem
flachen Lande der Wüste emporsteigend, einen sonderbaren
Contrast gegen die weite Fläche bildeten. Starre und
felsige Anhöhen erhoben sich ringsumher, jähe Abhänge
von furchtbarer Höhe und schmale gefährliche Pfade stell=
ten bei jedem Schritte den Kriegern neue Schwierigkei=
ten entgegen. Höhlen und Schluchten gähnten sie auf
beiden Seiten ihres Weges furchtbar an, und eiskalte
Luft strömte stoßweise aus den unergründlichen Klüften
und Felsenrissen, die gegen die glühende Hitze Palästinas
kämpfend, die schädlichsten Einwirkungen auf die mensch=
liche Natur hervorruft.

Immer enger und trauriger ward der Weg durch
die Einöde; Abelmar, denn er war es, den wir mit
seinen Gefährten hier erblicken, befahl diesen abzusitzen,
die Pferde zu führen und in lautloser Stille ging der
Zug vorwärts. In leichter Rüstung wandelte neben
Abelmar, Nuharebbin. Getreulich führte er ihn durch
die gefährliche Gegend und mit ängstlichem Auge be=
wachte er jeden Schritt seines Lebensretters. Der Tem=
pler, an die Schwierigkeiten und Gefahren einer Berg=
reise nicht gewöhnt, hatte, trotz seiner Körperkraft, außer=
ordentliche Mühe, festen Fuß auf dem steinigten Boden
zu fassen, Nuharebbin aber schlang den Arm kräftig um
den Leib des Freundes, um ihn am Straucheln zu ver=
hindern.

Wir dürfen in dieser Wildniß auf unsere Sicher=
heit bedacht sein," begann der Saracene, als Abelmar,
sich und den Seinigen Ruhe gönnend, auf einem brei=
ten, dürftig mit Rasen bedeckten Felsen, Halt machte.

„Wie so?" fragte dieser und sein Auge überflog unruhig
die Umgebungen. „Haben wir hier noch andere Schwie=
rigkeiten zu überwinden, als die das Gebirg uns ent=
gegenstellt?" „Leider, mein Freund Abelmar," sprach
Nuhareddin, „die Höhlen und Klüfte dienen Verworfe=
nen zum Schlupfwinkel, die Ebliß, den Gott der Fin=
sterniß, verehren, und deren Handwerk Mord und Raub
ist. „Der Krieg ist der Vater des Schreckens," sagt
der Dichter; in diese unwegsamen Felsen flüchten Viele,
die theils durch Euch Christen, theils durch uns aus
dem Hause ihrer Väter vertrieben und nackt und bloß
ins Elend gejagt wurden; es blieb ihnen nichts übrig,
als Rettung hierher und das Loos eines Räubers, um
ihr elendes Dasein zu fristen. Doch haben wir schon
den gefährlichsten Theil des Weges überstanden, und da
wir wohl bewaffnet sind, wird sich Niemand mehr an
uns wagen."

„Sage mir," erwiederte Abelmar, „ist Dir der Va=
ter Theodorich bekannt, zu dem wir jetzt wallfahrten?"
„Wer sollte ihn nicht kennen," sprach feurig der Sara=
cene, „wem verlieh Allah mehr die Gabe der Weissagung,
als ihm? und obgleich ein Christ, ist er verehrt vom
einsamen Araber in der Wüste, bis zum Sultan im
Zelte von schwarzem Cameelhaar. Glaube nicht, daß
die Anhänger Mohamebs verfolgen die Männer, denen
das Siegel der Weisheit an die Stirn gedrückt ist.
Wir achten Euren Propheten von Nazareth und staunen
die Wunder an, die seine Hand verrichtete; aber Allah
ist Gott und Mohameb sein größter Prophet. Das ist
der Glaube unseres Volkes, an dem ich gehangen, bis
ich unter Deiner Obhut zum neuen Leben erwachte und
Deine Worte mich zweifeln ließen an der Religion, die
ich mit der Milch der Mutter eingesogen. Theodorich
ist ein Mann des Friedens, Kreuz und Halbmond hat
ihm Viel zu danken, da Saladin Euch schon oft ver=
nichtet hätte, wäre sein Wort nicht zwischen Eure Schwer=
ter getreten und hätte Euch gerettet vom Untergange.
Der Einsiedler soll früher ein mächtiger, großer Mann

in den Reihen der Christen gewesen, und zur Büßung
schwerer Schuld in die Einsamkeit gezogen sein, wo er
mit schwerer Geißel sein Fleisch peinigt und um Ver=
gebung seiner Sünden den Himmel bittet." „Mich drängt
es, den frommen Mann zu begrüßen," sprach der Tem=
pler, „laß uns aufbrechen, auf daß wir noch vor Ein=
bruch der Nacht die Stätte erreichen, wo er sich aufhält."

Ein milder Abend folgte wohlthätig dem glühenden
Tage. Vom dunkelblauen Himmel leuchtete freundlich
des Mondes Silberlicht und erhellte den Weg, den
Adelmar und die Seinigen unverdrossen zogen. Der
Anblick der sonderbar gestalteten Felsen war jetzt über=
raschend schön. Das weiße Gestirn warf lebhaft das
Licht des Mondes zurück, während die untern Parthien,
Schluchten und Höhlen schon in tiefer Nacht lagen.
Die Luft war erquickend, nur hie und da wehte ein
glühender Windstoß von der Höhe der Berge herunter,
deren Häupter noch heiß waren von der Hitze der
Sonnenstrahlen.

Eben standen die beiden Freunde im Begriff, um
eine große, steil sich erhebende Felswand zu biegen, als
sie aus der Ferne verworrenes Geschrei und Waffenge=
klirr vernahmen. Adelmar stutzte; befahl seinen Leuten
etwas zurückzubleiben und forderte den Saracenen auf,
mit ihm voranzureiten, um zu sehen, woher dieser nächt=
liche Lärm rühre.

Kaum hatte der Templer und sein Gefährte etwa
hundert Schritte zurückgelegt, als sich der enge Weg
plötzlich zu einem geräumigen, rings von Gebirgsmassen
umlagerten Platze gestaltete. Der Mond beleuchtete hell
den weiten Raum, so daß die Ankommenden genau eine
Scene überblicken konnten, an der sie bald Theil neh=
men sollten.

An einem großen Steine lehnte mit dem Rücken
ein Saracene, dessen reiches Gewand im Mondlichte
blitzte. Ein Ringpanzer, kunstreich zusammengesetzt, deckte
seine Brust und Arme, ein Helm von Stahl, turbanar=
tig gebildet und nach oben zugespitzt das Haupt. Am

linken Arme hing ein runder, blanker Schild, mit der
Rechten aber schwang der Mann den gekrümmten Damascener gegen drei zerlumpte, in zottige Felle geklei-
dete Männer, die mordbegierig mit kurzen Keulen auf
ihn eindrangen. Nur der außerordentlichen Tapferkeit,
mit der sich der Einzelne gegen die, gleich wilden Raub-
thieren brüllende Unholde wehrte, hatte er es zu danken,
daß die Templer noch zur rechten Zeit kamen, ihn zu
helfen. Früher als die Räuber, sah der muthige Mann
die Ankunft derselben und einen langen Ruf der Freude
ausstoßend, streckte er den einen seiner Gegner zu Boden,
während Abelmar und Nuharebbin in demselben Augenblicke den beiden Andern das gleiche Schicksal bereiteten.
Wie es schien, gehörten die Getödteten zu den räuberischen
Horden, welche, wie Nuharebbin erzählte, die Wildniß
unsicher machten. Der reichgekleidete Saracene war ihnen
in dieser Gegend ein eben so seltenes, als willkommenes
Opfer, was ihnen ohne das zufällige Eintreffen der
Ritter auf keinen Fall entgangen wäre.

Der angegriffene Saracene sah sich indeß kaum
von seinen Feinden befreit, als er seinen Säbel in die
Scheide warf, und mit Verachtung einen der Todten
mit Füßen trat:

„Hunde und Söhne von Hunden," rief er im über-
wallenden Zorne, „beim Propheten es wäre eine Schmach
gewesen, unter Euren Händen zu verbluten. Aber ich
will die Klüfte dieser Berge durchsuchen lassen und die
Leiber Eurer Angehörigen den Geiern zur Speise vor-
werfen; ich will nicht ruhen, bis ich die Wege hier ge-
säubert, auf daß der Wanderer sicher gehe, wie auf den
Märkten von Bagdad und Balsora."

Diese Worte sprach der vom Tode Errettete, mit
dem Tone eines Mannes, in dessen Hand große Macht
liegt; dann wandte er sich zu den Templern und sprach
zu ihnen verbindlich, aber mit einem Stolze, welchen
Abelmar für einen einzelnen Mann in öder Gegend
sonderbar fand. „Tapfere Nazarener, wie soll ich Euch
vergelten, daß Ihr das Licht meiner Tage gefristet, denn

fürwahr ein Engel des Himmels hat Euch zu mir ge=
führt. Fordert kühn, Abu Bekr, aus dem Stamme des
Propheten, ist reich an Gold und edlen Schätzen und
seinem Willen gehorchen Tausende. Saladin, dem Allah
noch ein langes Leben verleihe, hat ihn zu seiner Rech=
ten gestellt und leiht ein günstig Ohr seinen Worten.
Fordert, sprecht! womit er Euer Herz erfreuen kann
und die Sonne sinkt noch einmal, so ist es erfüllt."

„Spare Deine Worte, Saracene," sprach Abel=
mar, den des Sprechenden hochmüthige Rede verdroß;
„als ich und die Meinigen zu Deiner Hülfe eilten, muß=
ten wir weder, daß Du zu dem Geschlechte des Pro=
pheten gehörst, noch zur Rechten des Sultans stehst;
wir sind Ritter des Kreuzes und bedürfen Deiner Reich=
thümer nicht. Du warst einzeln im Kampfe gegen Meh=
rere und es ist jedes Ritters Pflicht, den Schwachen zu
schützen. Wie willst Du aber jetzt von hier weiter
kommen, da Du, obgleich Du uns Reichthümer versprichst,
nicht einmal ein Pferd besitzest?" „Du irrst Dich,
Christ," erwiederte der Saracene, „es ist nicht weise,
zu Roß zu fechten, wenn Uebermacht Dich anfaßt; ich
habe dem meinigen während des Kampfes die Freiheit
gegeben, auf daß es nicht in die Hände der Schufte
falle, wenn ich unterlegen wäre. Kein köstlicheres Thier
betrat den Sand der Wüste und Niemanden gehorcht
es außer mir."

Nach diesen Worten zog der Fremde eine kleine
silberne Pfeife hervor und ließ einen gellenden Pfiff er=
schallen. Und kaum war dieser verklungen, als eilende
Hufschläge in der Ferne ertönten. Begierig schaute Abel=
mar nach der Gegend und siehe, ein blendendweißer
Schimmel flog gleich einem Vogel ihnen entgegen, stand
im Nu vor seinem Herrn und beugte sich auf die Kniee
vor diesem. „Was sagst Du zu dem Thiere, Christ?"
fragte Abu Bekr, indem er das Roß liebkos'te. „Ich
sah kein Schöneres," sprach Abelmar. „Wisse tapferer
Fremdling," bemerkte der Anderer, indem er sich in den
geschmückten Sattel schwang, „daß dieses Roß von dem

eblen Stamme ift, den Saladin allein befitzt und daß
feine Huld mir es verehrte. Doch es ift jetzt nicht die
Zeit, den Werth der Pferde zu preifen, Du verfchmähft
Alles, was ich Dir anbot, um mich dankbar zu zeigen,
ein Pfand meiner Freundfchaft wirft Du aber nicht ver=
weigern. Nimm diefen Ring und trage ihn ftets mir
zum Andenken. Du bift ein Kriegsmann, wie ich und
unfer Schickfal ift veränderlich, wie der Stand der Wol=
ken; fällft Du einft in die Hände der Gläubigen und
fäße das Schwert eines Anhängers des Propheten an
Deiner Kehle, er wird Dich retten, wenn Du ihn vor=
zeigft. Siehe, diefe verfchlungenen Züge enthalten den
Namen Saladins; vor ihm beugt fich Alles und oft hat
er mich gefchützt in Gefahr und Tod. Darum entbrannte
mein Zorn gegen diefe Elenden, die Du überwunden.
Sie verfagten jenem Namen die Achtung, die ihm die
Räuberhorden der Wüfte nicht verweigern, obgleich mir
ihr kahler Schädel zeigt, daß fie Anhänger des Prophe=
ten find. Und jetzt, Allah fei mit Dir, Nazarener, führt
Dich Dein Weg einft in Saladins Lager, fo frage nach
Abu Bekr, der Dir dankbar bleibt bis an das Ende
feiner Tage."

Diefes fagend, bot Abu Bekr dem Templer die
Hand, und feinem Roffe die Sporen gebend, war er in
wenig Augenblicken verfchwunden.

Fünftes Kapitel

Theodorich, der Einfiedler von Engaddi.

Die Wohnung Theodorich, des Einfiedlers von
Engaddi, war eine große Höhle, tief in den Bergen,
durch die wir den Lefer geführt haben.

Die Höhle war in zwei Theile getheilt, in der

äußern befand sich ein steinener Altar und ein großes,
roh gearbeitetes Crucifix von dunkelbraunem Holze; sie
diente dem Einsiedler zur Kapelle. Im Hintergrunde
dieser Höhle führte eine kleine Oeffnung, die mit einer
Thür aus rohen Brettern verschlossen, in das Schlafge=
mach des heiligen Mannes, das ein wenig bequemer
eingerichtet war. Der Fußboden war durch die Arbeit
des Bewohners ein wenig geebnet und dann mit wei=
ßem Sand bestreut worden, den er täglich mit dem
Wasser einer nahen Quelle benetzte, die in einem Win=
kel aus dem Felsen hervorsprudelte, und in diesem er=
stickenden Klima sowohl Gaumen als Ohr ergötzte. Ma=
trazen, aus geflochtenen Binsen lagen an der Seite der
Zelle. Die Wände waren, wie der Fußboden, in eine
rauhe Form gebracht worden und verschiedene Kräuter
und Blumen hingen an denselben umher.

Eben hatte Theodorich vor dem Bilde des Gekreu=
zigten sein Nachtgebet verrichtet und war im Begriff,
sich in das Innere seiner Wohnung zurückzuziehen, als
er einen flüchtigen Blick durch die Thür, von der er
einen großen Theil der Gegend übersehen konnte, warf,
und mit scharfem Auge den Zug der Templer erblickte,
deren Schilde und Helme weit im Mondenlichte glänz=
ten. Aber als habe er dieß Alles schon gewußt, oder
waren ihm Gäste in so später Stunde nichts Ungewohn=
tes, eilte er nach dem ersten Blicke in den Hintergrund,
nahm einen langen Stab kienigten Holzes entzündete
diesen an der Lampe und trat damit unter die Höhle.

„Pax vobiscum,*) Ihr Ritter des Kreuzes,“
rief er mit wohltönender, ehrfurchtgebietender Stimme,
den Ankommenden entgegen. „Der Herr segne Euren
Eingang in die Klause des Friedens. Lasset uns beten
und singen und ihm danken, daß er Euch mit Vaterhuld
geleitet durch die Wege des Schreckens. Der Herr sei
gelobet, Halleluja!“ Nach diesen Worten bot er Abel=
mar die Hand der unwillkührlich von der hohen ehr=

---

*) Friede sei mit Euch.

furchtgebietenden Gestalt überrascht, bemüthig vor dem Diener des Herrn stand.

Ein unerklärliches Etwas durchdrang das Herz des Jünglings beim Anblick der hehren Greisengestalt. Es war ihm, als habe er diese Züge schon gesehen, den Laut der Stimme vernommen, die ihn liebevoll willkommen hieß. Wie die Töne der Vesperglocke in der Abendluft leise und immer stiller verklingen, und endlich in ihr verschwimmen, so tönte jede Sylbe Theodorichs im Herzen Abelmars nach. Er verfiel in tiefes Sinnen, wo er den Mann, den er zum ersten Male sah, wohl je getroffen hatte; sein ganzes Leben zog an ihm vorüber, bald meinte er ihn gefunden zu haben, und nur der Name fehle ihm noch, ihn zu nennen; dann aber verschwand das Bild wieder spurlos.

Der Klausner riß endlich den Ritter aus den tiefen Gedanken, die ihn seine Umgebung fast vergessen ließen, indem er ihn anredete: „Fast möchte es mir scheinen, Herr Ritter, als sei Euch die Einkehr in mein steinern Haus eben nicht angenehm, Ihr seht so finster, so nachdenkend aus. Wie dem aber auch sei, seid mir nochmals willkommen in meiner Wildniß, nehmt vorlieb mit dem, was ich euch bieten kann und vor Allem verscheucht die Sorgen von Eurer Stirne." — „Nein, bei Gott, ehrwürdiger Vater" erwiederte der Templer, „nicht Sorgen waren es, die meine Stirn umdüsterten, Ihr allein waret die Ursache, die mich in Nachdenken versinken ließ. Seht, Herr, Euer Antlitz trägt so viele Züge, die in meinem Herzen einen wunderbaren Anklang gefunden haben." — „Des Menschen Angesicht," sprach Theodorich, ist ein unergründlich Werk des Schöpfers, keines gleicht dem andern und doch ähneln sich so viele; möglich, daß das meinige eine flüchtige Aehnlichkeit mit einer Euch werthen Person hat, wie das ja sich zuweilen ereignet. — Jetzt laßt mich aber für Euch und Eure Leute sorgen. Ihr seht, meine Klause ist klein, weßhalb ihr verzeihen müßt, wenn ich Eure Begleiter, zwar nur wenige Schritte von Euch, aber doch in einer andern

Höhle beherbergen muß, wo sogleich die sämmtlichen Rosse untergebracht werden können. Ihr aber bleibt hier und nehmt mein, wenn auch dürftiges Lager ein. Allein ihr werdet sanft ruhen, wie alle, die reinen Herzens sind, und daß das Eure rein ist, leuchtet aus Euren Augen."

Geschäftig eilte Theodorich hin und her. Da er, wie wir schon früher bemerken, oft fremde Gäste in seiner Zelle sah und zuweilen in großer Anzahl, so war er durchaus nicht unvorbereitet für heute, wenn auch Speise und Trank, die er seinen Gästen vorsetzte, so einfach waren, wie man es nicht besser in der öden Gegend erwarten konnte.

Abelmars Leute waren schon längst in tiefen Schlaf versunken, als der Ritter noch in ernstem Gespräche neben Theodorich in der großen Höhle saß. Nuharedbin, der nicht von der Seite des Freundes weichen wollte, lag ebenfalls schlummernd in der Nebenklause, da ihn Abelmar aufgefordert, sich zur Ruhe zu begeben.

Nachdem der Templer längere Zeit über den Zweck seines Hierseins gesprochen, zog er das Pergament, welches ihm der Großmeister übergeben, aus dem Koller, und überreichte es Theodorich. Dieser erbrach es eifrig, las einige Zeilen mit größter Ruhe, aber plötzlich, als habe ihn eine unsichtbare Hand berührt, wird er tobtenbleich, krampfähnliches Zittern durchschüttert seinen Körper, und mit einem Schmerzensrufe sinkt er ohnmächtig zu Boden. Abelmar fängt ihn in seinen Armen auf, weckt Nuharedbin und Beide versuchen alles Mögliche, den Greis in das Leben zurückzurufen. Endlich sind ihre Bemühungen belohnt, Theodorich öffnet die Augen, seinen Lippen entschwebt ein tiefer Seufzer und auf die Arme der Freunde gestützt wankt er zu einem Sessel. „Es ist vorbei meine Kinder," sprach er leise, „ein plötzliches Unwohlsein, — ich fühle mich wohl, legt Euch zur Ruhe, schlaft sanft, ihr könnt es ja noch."

Abelmar und Nuharedbin versuchten vergebens den Greis zu bewegen, dasselbe zu thun; mit festem Worte verweigerte er es und führte die Beiden in die ansto-

ßende Höhle, ertheilte ihnen seinen Segen und verließ
das Gemach, dessen Thür er, ohne daß es Abelmar
und sein Freund bemerkten, leise verriegelte.

Sechstes Kapitel.

Die geheimnißvolle Kapelle.

Mitternacht war bereits vorüber. Vor dem Kreuze
und Altare in dem äußern Gemach des Einsieblers,
brannte matt eine kleine Lampe, ein Meßbuch war aufgeschlagen und auf dem Boden lagen Büßungsgeißeln
aus Draht und Stricken geflochten. Hier kniete Theoborich im inbrünstigen Gebete; seine Kniee ruheten auf
spitzen Kieseln, die absichtlich vor den Altar geschüttet
waren, um die Stellung des Andächtigen so beschwerlich
als möglich zu machen. Eine Fieberröthe hatte die Wangen des Greises überzogen, gewaltig arbeitete die Brust
im tiefsten Seelenschmerze.

„Heiliger, dreieiniger Gott," betete er, laß Dein
Auge über mir leuchten und sei mir gnädig und barmherzig, ich habe hart gesündigt auf dieser Welt. Vergebens, daß ich die Hände ringe im heißen Flehen zu
Dir, daß ich mein Gebein zerfleische und meinen Leib
kasteie, ich fühle, die Stunde ist noch nicht gekommen,
die mir den Frieden meiner Seele wiedergeben wird.
Dort in jener Klause liegen meine Kinder,' meine theuren, geliebten Kinder. Abelmars Herz fühlte sich durch
die allgewaltigen Banden der Natur zu mir hingezogen,
aus meinen verstörten Zügen trat ihm noch das Bild
des Vaters entgegen, der ihn, als seine Zunge kaum
das erste Wort stammelte, verließ. Nubarebbin aber
erkennt den Vater nicht mehr, sein Herz liegt noch in
der Finsterniß des Unglaubens, zu dem ich ihn erziehen

wollte. — Wehe mir! ich Unglückseliger, ich darf mei=
nen Söhnen nicht entgegeneilen, sie in die Arme, an das
Vaterherz pressen, darf keinen Sohn nennen, jenes glück=
selige Wort, das mir für immer genommen. Nein,
nein, aber elender Mann! du hast dein Weib, deine
Kinder verloren, du darfst sie nimmer und nimmer um=
fangen auf dieser Welt. Voll Abscheu würden sie sich
von dir wenden, die Reinen, die Sprache würde ihnen
das Wort der Liebe versagen, ehe es über die Lippen
gleitete, hörten sie deine Schande, die kein Gebet, keine
Büßung von den fluchbedeckten Schultern nimmt. Nur
Du, Vater im Himmel weißt, was ich gelitten, Du hast
mich in stiller Nacht vor dem Bilde Deines Sohnes
liegen sehen, Du kennst den Schmerz, der meine Seele
foltert. Du willst nicht den Tod des Sünders, sondern
daß er sich bekehre und lebe. Du wirst mir bereinst
vergeben, mich in jener Welt an den Freuden Theil
nehmen lassen, die den Gebesserten an der Seite des
Gerechten erwarten. Hilf mir gnädig, daß ich die
schwerste Prüfung überstehe, der ich jetzt entgegengehe,
stärke die Kraft Abelmars dem der eigene Vater das
Herz brechen, den er täuschen muß, auf daß er nicht den
Namen des Unglücklichen erfahre, der leiden muß, bis
ans Ende seiner Tage. Amen."

So betete der unglückliche Theodorich, dann erhob
er sich schnell, schritt neben den Altar hin und an einer
verborgenen Feder drückend öffnete er eine kleine Thüre,
durch die er gebückt eintrat. Längere Zeit verweilte er
in dem Gemache, wohin dieselbe führte, dann kehrte er
zurück und öffnete leise die Pforte, welche die Höhle
schloß, in der seine Gäste ruhten. Beide lagen in tie=
fem Schlummer.

Ein drückendes Gefühl auf der Brust erweckte Abel=
mar. Heftig fuhr der Jüngling auf und war im Be=
griff zu rufen wer da wäre, als er die Augen öffnend,
die Gestalt des Klausners gewahrte, der neben seinem
Lager kniete und ihn mit der rechten Hand auf die Brust
drückte, während die Linke eine kleine silberne Lampe hielt.

„Sei still," sagte der Einsiedler, ich habe Dir etwas
zu sagen, was Jener nicht hören darf. Nimm Deinen
Mantel um, tritt leise auf und folge mir."

Abelmar erhob sich und nahm sein Schwert. „Das
bedarf es nicht," flüsterte ihm Theodorich zu, „wir gehen
dahin, wo geistliche Waffen viel gelten, die fleischlichen
aber dem schwankenden Rohre gleichen.

Der Templer legte sein Schwert wieder neben sein
Lager, und bloß mit seinem Dolche bewaffnet, von dem
er sich in dieser gefährlichen Gegend nie trennte, schickte
er sich an seinem geheimnißvollen Wirth zu folgen.

Der Einsiedler bewegte sich nur langsam vorwärts
von dem Ritter gefolgt, der noch immer ungewiß war,
ob die schwarze Gestalt, die vor ihm hingeleitete, um ihn
den Weg zu zeigen, nicht das Geschöpf eines Trau=
mes sei.

Wie Schatten begaben sie sich in das äußere Ge=
mach, ohne den Saracenen zu stören, der in festem
Schlafe lag. Vor dem Altar kniete Theodorich nieder,
und gab dem Ritter ein Zeichen, sich neben ihm auf die
spitzigen Kieselsteine niederzulassen. Er las verschiedene
Gebete der katholischen Kirche und sang mit leiser, aber
ernster Stimme drei Bußpsalmen, die er mit Seufzern
und krampfhaftem Schluchzen vermischte, woraus sich er=
kennen ließ, wie tief er die göttliche Poesie fühlte, die
er vorlas. Abelmar wohnte diesen Andachtsübungen
mit aufrichtigem und tiefgerührtem Herzen bei, und die
hohe Meinung von seinem Wirthe begann sich in einem
solchen Grade zu steigern, daß er zweifelte, ob er ihn
nicht der Strenge seiner Büßungen und der Inbrunst
seiner Gebete wegen für einen Heiligen halten sollte, und
als sie sich von dem Boden erhoben, so stand er mit
einer tiefen Ehrfurcht vor ihm, wie ein Zögling vor
einem geehrten Lehrer. Der Einsiedler dagegen blieb
einige Minuten schweigend und in sich vertieft.

„Blicke in jene Ecke," sprach er feierlich, „Du wirst
dort einen Schleier finden, bringe ihn hieher."

Der Ritter gehorchte und holte aus einem Winkel

der Höhle den verlangten Schleier. Als er ihn an das Licht brachte, entdeckte er, daß er zerissen und an einigen Stellen mit einer schwarzen Substanz befleckt war. Der Einsiedler betrachtete ihn mit einer tiefen aber unterdrückten Rührung, und Thränen entstürzten seinen Augen; dann begann er mit festem Tone:

„Ritter Adelmar von Aarstein, hast du den Muth des Mannes, fest zu bleiben, wenn ich Dir eine schwere Stunde bereiten muß. Ist Dein Vertrauen zu dem Herrn der Heerschaaren unwandelbar und ewig?"

Adelmar, obgleich verwundert über die seltsame Rede, erwiederte entschlossen: „Wohl bin ich noch jung, ehrwürdiger Herr, und mein Herz ist noch nicht gestählt gegen die eherne Schläge des Schicksals, allein warum sollte ich nicht auf ihn trauen, der mich bis jetzt allmächtig durch Noth und Tod leitete. Obgleich ich nicht begreife, was ihr mit mir im Sinne habt, so vertraue ich mich Eurer Führung und wenn ihr mir auch einen Leidensbecher bietet."

„Nun wohlan," nahm Theoborich das Wort, „Du stehst jetzt auf dem Punkte, den reichsten Schatz zu sehen, den die Erde besitzt, wehe mir, daß ich nicht würdig bin, ihn zu betrachten! Ach ich bin nur das schlechte und verachtete Zeichen, das dem müden Wanderer eine Stätte der Ruhe und Sicherheit zeigt, das aber selbst des Obdachs entbehren muß! Vergebens bin ich bis in die Tiefen der Felsen und in den Mittelpunkt der durstigen Oede geflohen. Mein Feind hat mich gefunden — ja er, den ich verläugnet habe, hat mich bis zu meinen Festungen verfolgt."

So sprechend und dem Ritter winkend, ihm zu folgen, wandte sich der Einsiedler nach dem Altare, begab sich hinter denselben und öffnete die geheimnißvolle Thüre; als sie gewichen zeigte sich eine kleine in den Felsen gehauene Treppe.

„Nimm den Schleier, den ich in der Hand habe," sagte Theoborich in melancholischem Tone, „und verbinde mir die Augen damit, denn ich kann den Schatz, ben Du jetzt sehen sollst, nicht ohne Vermessenheit und Sünde erblicken."

Ohne zu antworten, verhüllte der Ritter eilig das Gesicht des Einsiedlers mit dem Schleier, und der Letztere begann die Treppe hinauf zu steigen, wie Einer, der zu sehr an den Weg gewöhnt ist, als daß er dabei eines Lichtes bedürfte; zugleich leuchtete er dem Templer, der ihm nun viele Stufen der engen Treppe hinauf folgte; endlich hielten sie in einem kleinen Gewölbe von unregelmäßiger Form, in dessen einer Ecke die Treppe endigte, während man in einer andern eine entsprechende Treppe sah, die weiter hinauf führte. In einem dritten Winkel befand sich eine gothische Thür, die höchst roh mit gewöhnlichen Schnörkeln und allerlei Figuren geziert war und durch ein mit Eisen beschlagenes und mit großen Nägeln besetztes Pförtchen geschützt war. Nach diesem letztern Punkte wandte der Klausner seine Tritte, welche zu wanken schienen, als er sich ihm näherte.

„Lege Deine Schuhe ab," sagte er zu seinem Begleiter, „der Boden auf dem Du stehst, ist heilig; verbanne aus Deinem Innern jeden sinnlichen und fleischlichen Gedanken, denn sie an solchem Orte zu hegen wäre Todsünde."

Wie ihm geboten war, legte der Ritter seine Schuhe ab, und der Einsiedler stand indessen da, als ob er im Stillen betete, und als er sich wieder in Bewegung setzte, gebot er dem Templer, dreimal an das Pförtchen zu klopfen. Er that es. Die Thüre öffnete sich von selbst, wenigstens sah Abelmar Niemand und auf einmal drang ihm ein Strom des reinsten Lichtes und ein starker, fast betäubender Duft des kostbarsten Rauchwerks entgegen. Er trat zwei oder drei Schritte zurück, und es dauerte einige Minuten, ehe er sich von den blendenden und überwältigenden Wirkungen des plötzlichen Uebergangs von der Finsterniß zum Licht erholen konnte.

Als er das Gemach betrat in welchem dieser Glanz verbreitet war, entdeckte er, daß das Licht von einer Ver-

bindung silberner Lampen herrührte; die mit dem rein=
sten Oele genährt und die reichsten Wohlgerüche aus=
sendend, an silbernen Ketten von einer kleinen gothischen
Kapelle herabhingen, die, gleich dem größten Theile der
sonderbaren Behausung des Einsiedlers in den starken
und festen Felsen gehauen war. Allein, wenn an jedem
andern Orte, den Abelmar bisher gesehen hatte, die
Bearbeitung des Felsen von der einfachsten und rohesten
Art war, so schien bei dieser Kapelle die Erfindungs=
kraft und der Meißel der geschicktesten Architekten thätig
gewesen zu sein. Die mit Rippen versehene Decke er=
hob sich auf jeder Seite auf sechs mit der seltensten Ge=
schicklichkeit gearbeiteten Säulen; und die Art, auf welche
die Bogen unter einander mit angemessenen Zierrathen
verbunden waren, verrieth den feinsten Styl der Archi=
tektur und des Zeitalters. Entsprechend der Reihe von
Pfeilern befanden sich auf jeder Seite sechs schön gear=
beite Nischen, deren jede das Bild eines der zwölf
Aposteln enthielt.

Am obern und östlichen Ende der Kapelle stand
der Altar, hinter welchem ein reicher, rauh mit Gold
gestickter Vorhang von persischer Seide – eine Vertiefung
verhüllte, die ohne Zweifel ein Bild oder eine Reliquie
von ungewöhnlicher Heiligkeit enthielt, der zu Ehren
dieser Ort der Verehrung errichtet worden.

In tiefer Ehrfurcht sank Abelmar in die Kniee vor
der Blende und betete inbrünstig. Allein plötzlich ward
seine Aufmerksamkeit dadurch gestört, daß der Vorhang
weggezogen wurde, wie und durch wen, sah er nicht;
allein in der Nische, die jetzt enthüllt war, erblickte er
einen Schrank von Silber und Elfenbein, mit einer dop=
pelten Flügelthür; das Ganze im Kleinen einer gothi=
schen Kirche nachgebildet.

Während er mit ängstlicher Neugierde nach der
Blende blickte, flogen auch die beiden Flügelthüren auf
und zeigten ein großes Stück Holz, mit der Inschrift:
Vera Crux (das wahre Kreuz.)

Ein heiliger Schauer durchbrang des Ritters Elle=

der, als er die heiligste aller Reliquien erblickte. Ein Stück des Stammes, an dem der Gottessohn sein dem Wohle der Welt geweihtes Leben verhauchte! In stummer Ehrerbietung neigte Abelmar das Haupt bis auf die Stufen des Altars, dann aber floß sein Gebet lebendig über die Lippen: „O du wunderbares, hochheiliges Gut," sprach er, „an dem mein Heiland verblutete, gesegnet bin ich, daß meine Augen Dich sehen dürfen, und ich vor Dir in den Staub sinken kann. Die Schauer des Erhabenen umwehen mich, vor meinem Auge steigt Golgatha, die Schädelstätte, auf, Du gestaltest Dich zum Kreuze, an dem mein Heiland im Todeskampfe schwebt. Die ganze Natur ist aufgeregt von dem Greuel, den sie schauen muß, schwarz ist der Himmel wie die Nacht, Finsterniß herrscht durch den Erdkreis. Und Du, Sohn Gottes, bleich und entstellt von den Wunden, die sie Dir geschlagen, Deine Glieder zermalmt von scharfem Eisen, Du betest noch für das Wohl Deiner Mörder: „Herr, sie wissen nicht was sie thun." Dumpf rollt der Donner in der Ferne, falbe Blitze erhellten nur auf Sekunden die Nacht, da ruft endlich Dein Mund im Todeskampfe: „Es ist vollbracht." — Ja, Du hast es vollbracht, was Dir der Vater übertragen! Du hast mit Deinem Leben seine Liebe zu den Erdenkindern besiegelt, da er uns seinen Sohn sandte, auf daß er geopfert werde zum Heile der Menschheit. Und die Welt ist erstanden aus den Banden des Wahns, siegend schreitet die reine Christusreligion über die gesunkenen Trümmer des Heidenthums. Noch zückt zwar der Unglaube das Schwert gegen das Kreuz, noch tragen Tausende das warme Leben dem Tode entgegen, aber die große Bahn ist gebrochen und seit dem Opfer auf Golgatha ist kein zweites gefallen, das so allgewaltigen Erfolg gehabt hätte. Höre mein Flehen, Vater im Himmel, in dieser heiligen Stunde, laß das Andenken an Deinen eingebornen Sohn nie in meinem Herzen schwach werden, verleihe mir Kraft in dem Kampfe gegen die Feinde meines Glaubens, und

bestimmt mir Dein Wille, daß ich falle im blutigen
Streite, so nimm mich auf zu Deinen Freuden. — Laß
auch Dein Antlitz leuchten über dem theuern Vater, so
er noch unter den Lebenden wandelt. Gib ihm Kraft
und Stärke, wenn er vielleicht im einsamen Kerker um
die fernen Lieben weint, oder im knechtischen Dienste
sich beugt. Führe mich in seine Nähe, auf daß ich
ihn erlöse aus den Ketten, die ihn umfangen. Doch
nicht mein, sondern Dein Wille geschehe, Allmächtiger,
Amen."

Abelmar erhob sich nach beendigtem Gebete, und
wollte die Kapelle verlassen. Doch wie gebannt blieb
er stehen.

Auf der andern Seite des Heiligthums hatte sich
eine Pforte geöffnet und sein Blick fiel in ein sparsam
erhelltes Gewölbe. Es war ebenfalls wie das, worin
er sich befand, in den Felsen gehauen, allein, erregte
der Reichthum und die Pracht des ersten sein Staunen
und seine Ehrfurcht so war das Letztere nur geeignet,
die düstersten Gefühle in ihm hervorzurufen. Eine von
der Decke herabhängende Lampe warf nur unsicheres
Licht auf den roh behauenen Felsen, dessen stets schwar=
zes Gestein sich schwer unter dem Meißel des Arbeiters
gefügt hatte; überdem war dem ganzen Werke anzusehen,
daß man es absichtlich in einen schneidenden Contrast
gegen die schöne Kapelle stellen wollte. Abelmar war
keinen Augenblick in Zweifel, ein Grabgewölbe vor sich
zu sehen, trat aber muthig in das, eine kalte, feuchte
Luft ausströmende Gemach. Sein erster Blick ward von
einem steinernen Grabmale gefesselt, das mitten in dem
weiten Raume stand. Es war von ausgezeichneter
Arbeit in weißen Marmor gehauen. Auf einem, mit
Arabesken und Figuren reich gezierten Sarkophage, ruhte
ein Mann in voller Rüstung, mit geschlossenem Visire,
die Hände auf der Brust zusammengefaltet, zu seinen
Füßen wand sich eine Schlange, die züngelnd das Haupt
erhob. Begierig, eine Inschrift zu finden, unschritt der
Templer den Stein und stand auf einmal an einer

schwarzen Tafel, auf der mit goldenen Buchstaben ver=
zeichnet war:

Hier ruht:

WENDELIN GRAF von AARSTEIN

der Abtrünnige,

Gott sei seiner Seele gnädig.

Mit einem lauten Schrei sank der Jüngling sinn=
los zu Boden, — er hatte den Namen seines Vaters
gelesen.

Als Abelmar aus seiner tiefen Ohnmacht erwachte,
befand er sich wieder in der Kapelle und neben ihm
kniete ein alter, zitternder Greis, der bemüht war, mit
einer wohlriechenden Flüssigkeit seine Schläfe zu waschen.
„Wo bin ich?" rief schmerzlich Abelmar, „und wer seid
ihr, alter Mann, der mich erweckte und den ich noch nie
gesehen?" — „Noch nie gesehen?" sprach der Andere
mit Freude zitternder Stimme, „Junker Abelmar habt
Ihr den alten Leuthard so bald vergessen?"

Wie von höherer Hand berührt, raffte sich der
Templer auf und schloß weinend den Alten in seine
Arme, „Ja, Du bist es, Du getreuer Diener meines
Hauses" rief er, „Du bist es, der mit dem Vater fort=
zog in das heilige Land und der mit alter Treue noch
an seinem Grabe weint. O sprich, warum ließest Du
ihn sterben, den Theuren, warum führtest Du ihn nicht
zurück in unsere Arme?"

So klagte schmerzlich Abelmar um den Vater. Der
schöne Traum des Wiederfindens, der des Jünglings
Herz bisher mit stiller Wonne erfüllte, war zerrissen,
er hatte ihn auf ewig verloren. Mit tröstendem Worte
war Leuthard bemüht den Gebeugten aufzurichten. Kaum
aber war der erste Sturm vorüber, so verlangte Abel=
mar ungestüm des Vaters Schicksale zu vernehmen und
der alte Diener mußte gehorchen.

Wir theilen im nächsten Kapitel unsern Lesern die Geschichte des Grafen Wendelin im Auszuge mit, wie sie Leuthard dem Sohne seines Gebieters erzählte.

Siebentes Kapitel

Der Abtrünnige.

Wendelin Graf von Aarstein, besaß eines der schönsten Schlösser, an den gesegneten Ufern des Rheins. Er war ein Mann, der in jeder Hinsicht zufrieden mit seinem Schicksale sein konnte, und es auch war. Reich und mächtig stand er in Ansehen und Ehren, und in seinem Hause waltete die tugendhafteste aller Frauen, die ihm den kräftig heranblühenden Sohn, den Stolz seines Vaters, erzog. Lange Jahre hatte Wendelin glücklich und zufrieden gelebt, als auch ihn auf einmal die allgemein herrschende Begeisterung zu einem Kreuzzuge ergriff und er das Gelübde that, nach Palästina zu ziehen. Vergebens war der Gattin Flehen, ihn zurückzuhalten. „Siehe an," sprach er, „hat mich nicht Gott gesegnet bis zu dieser Stunde mit Allem, was des Menschen Herz erfreut, warum sollte ich ein, ihm so wohlgefällig Werk nicht unternehmen und ihm danken für das, was mir Gutes wiederfahren?"

Und eines Tages zog Herr Wendelin mit seinen Mannen von der heimischen Burg, und gelangte durch vieler Herren Länder glücklich nach Palästina. Hier erwarb sich der tapfere, und durch viele Tugenden ausgezeichnete Mann bald einen großen Namen und glücklich ging er aus den gefährlichen Kämpfen hervor. Da zogen aber mit einem Male finstere Wolken an dem Lebenshorizonte des Ritters herauf. In einem blutigen Gefechte mit den Saracenen ward Graf Wendelin und

sein Knappe Leuthard nebst vielen andern Rittern gefan=
gen. Unbarmherzig knebelten die wilden Feinde die Ueber=
wundenen und schleppten sie in das Innere des Landes.

Abelmars Vater und sein treuer Gefährte fielen in
die Hände eines reichen Türken, Almansor geheißen, und
er nahm beide mit auf die reichen Besitzungen, die sich,
in der Nähe der Wildniß von Engaddi, in einem reich
gesegneten Landstriche befanden. Graf Wendelins edles
Weisen und die Schönheit seiner Gestalt gefielen dem
schon hoch bejahrten Saracenen. Er trennte ihn nicht
von seinem Gefährten, und beschäftigte beide in dem von
den seltensten Gewächsen prangenden Garten mit leich=
ten Arbeiten. Nur, als Graf Wendelin sich hartnäckig
weigerte, Mohameds Glauben zu bekennen, ja jeden
Antrag mit Verachtung zurückwies, ward er mit jedem
Tage strenger und sein Sklaven = Aufseher empfing die
härtesten Befehle. Statt der freundlichen Worte erhielt
der Graf nur Scheltworte und nicht selten ward er ge=
schlagen, gleich dem Zugthiere.

Des Grafen ganzer Charakter erhielt durch diese
Behandlung eine unheilvolle Richtung. Vorher, beglückt
mit allem Irdischen, empfand er den Wechsel des Schick=
sals um so empfindlicher. Eine unmännliche Schwäche
bemächtigte sich seiner, er klagte und seufzte stets, aber
sein Herz wandte sich nicht im Gebete zu Gott, auf daß
er ihn stärke in der Zeit der Trübsal.

Eines Tages arbeitete der Graf in der Nähe eines
großen Weihers. Zuleima, die Tochter seines Gebieters,
belustigte sich mit ihrer Gespielin in einer kleinen, schmal
gebauten Gondel auf dem klaren ruhigen Wasser auf=
und abfuhren. Herr Wendelin, in tiefen Trübsinn ver=
sunken, warf nur hier und da einen Blick auf die beiden
Mädchen. Ein lauter Schrei schreckte ihn plötzlich auf.
Zuleima, das einzige Kind Almansors, kämpfte mit den
Wellen, händeringend kniet ihre Sklavin in dem schwan=
kenden Fahrzeug. Der Ritter besinnt sich keinen Augen=
blick, er stürzt sich in das Wasser, faßt Zuleima und
trägt sie in seinem Arme an das Ufer. Hier legte er

sie ohnmächtig nieder. Der erste Blick nach Zuleimas Erwachen traf ihren Retter. Sie dankte ihm mit zarten Worten. Der Graf bestürzt, erstaunt über die wunderbare Schönheit der Türkin, die er noch nie unverschleiert gesehen, findet kein Wort der Erwiederung. Der Augenblick hatte entschieden. — Längst schon war Zuleima mit ihrer Sklavin entschwunden, als der Graf noch immer unbeweglich an dem Orte stand, wo er sie gerettet. Vergebens stieg in seinem Innern das Bild seines treuen Weibes, seines Knaben auf, er dachte nur an die Tochter Almansors, die er geschaut.

So bricht manch kräftig Gemüth in der Stunde der Anfechtung, denn des Menschen Herz ist ein schwaches, verzagtes Ding, wenn nicht der Glaube, wie die Eiche des Epheus Ranken, es empor hebt zum Himmel. Graf Wendelin war schwach geworden im Glauben, und siehe die Sünde schlug ihren Thron auf in seinem Herzen und zeigte ihm eitel Blendwerk für reines Gold. Es ist der Welt Lust, die gleich der Schlange im Paradiese den Apfel zeigt, den ihr Giftzahn schon begeiferte; aber ein rein Gemüth achtet nicht des Tandes, es wählt nicht den Weg, der mit bunten Blumen geschmückt und über dem ein blauer reiner Himmel herablächelt. Wohl aber erklimmt der Tugendhafte muthig den rauhen Weg über scheußliche Klüfte und Abgründe, in denen Schlangen und ander giftig Unthier ringelt; denn hoch in den Wolken erglänzt der Tempel der Vergeltung und Belohnung für Alle, die reinen Herzens sind. Und wenn auch der Fuß strauchelt auf glatter Klippe, Blitze ihn umleuchten und unter dem Donner die Gewölbe des Himmels und der Erde zittern, er sinkt auf die Knie, faltet die Hände zum Gebet, und siehe, ein lichter Engel steht neben ihm und leitet seine Schritte.

Almansors Dank war, als er die Rettung seines geliebten Kindes erfuhr, ohne Grenzen. Er schloß den Grafen in seine Arme und beschenkte ihn mit dem Kostbarsten, was er besaß. Wendelin kam nicht mehr von seiner Seite, auf jedem Tritte und Schritte mußte er ihn begleiten. Und immer weiter trat das ferne Vaterland, traten die Seinen in des Grafen Herz zurück. Er ergab sich dem weichlichsten Leben, das ihm Almansor bereitete. Jede Stunde weilte er in der Nähe Zuleimas, die mit heißer Liebe an ihrem Retter hing. Und als einst die Gärten Almansors von tausend Lampen glänzten, und Freude und laute Lust durch sein Haus erschallte, da hieß es von Mund zu Mund, der schöne Christ, den der Herr mit sich gebracht, habe seinen Glauben abgeschworen und sei der Gemahl Zuleimas, der schönen Tochter seines Herrn. Aber in den einsamsten Gängen des Gartens, in denen kein Licht erblinkte, wandelte ein Mann im gewaltigen Schmerze, es war Leuthard, der getreue Knecht, der nicht gewichen war von dem schönen Glauben, in dem er geboren. Vergebens war sein Bitten und Flehen gewesen, wenn er sich mit dem Grafen allein befand, und am Tage vor der Hochzeit jagte ihn der verblendete Mann, mit dem Dolche in der Hand, von sich.

„So ist er denn dahin," klagte der alte Diener, „verloren auf ewig. Daheim weint die edle Gattin, weint der zarte Knabe um den fernen Vater, während dieser Gott, seine Ehre und sein Wappen befleckt im sündlichen Taumel. Fortan wird der Name Wendelins von Aarstein nicht mehr gehört werden unter den Ersten der Christenheit. „Jsmael" nennt ihn der Mund der Saracenen, die ihn umstrickt mit den Banden der Hölle. O daß er gefallen im mannhaften Streite, zu Ehren seines Herrn und Heilandes, hätte er sich verblutet in meinen Armen an siebenfachen Todeswunden, er wäre als ein Christ gestorben und bereinst eingegangen, ein Märtyrer, durch die Thore des Paradieses. So aber — o müßte ich es nicht aussprechen, das unglückliche Wort, — ist er ein Abtrünniger und Leib und Seele ist verloren in Ewigkeit. Ich bin ein armer, alter Mann wie ein Hund bewachte ich seine Schritte, ich sah ihn in den schönsten Tagen, als er, den blonden Knaben auf dem Schoße, in den Hallen seiner Burg weilte. Ich

bin nicht von seiner Seite gewichen in den Tagen des
Glückes, ich habe ihn getröstet, wenn er hier verhöhnt
ward, die Peitsche seine Glieder zerriß und jetzt — zuckt
er das Messer gegen den treuen Knecht, weil er es wagte
ihn zu mahnen, daß er ein Christ sei!"

Am Tage nach der Vermählung stand Leuthard vor
Ismael, einst Graf von Aarstein, der auf weichem Pol=
ster sitzend, ihn hatte rufen lassen. — „Du willst also
nicht glücklich sein, wie ich, Leuthard?" fragte er. „Siehe
um dich, zehnfach ist mir ersetzt, was ich wegwarf.
Unermeßlicher Reichthum ist mein, ich besitze ein Weib,
wie keines die Erde mehr sieht und glaube mir, auch
als Mohamedaner kannst du Gott von Herzen dienen,
als seiest du ein Christ. Oeffne deine Augen, Verblen=
der! ich strecke die Hand aus nach dem, was gut ist!
Du sollst nicht mehr mein Diener sein, ich will Dich
erheben zu meinem Freunde und Du sollst zu meiner
Rechten sitzen."

„Sparet Eure Worte, Herr," erwiederte unerschrocken
Leuthard, „lieber soll der Hunger und das Elend meine
irdische Hülle vernichten, ehe ich wanke im Glauben an
meinen Heiland, so wahr mir Gott helfe, ich will als
Christ leben und sterben."

Wild sprang Ismael von seinem Sitze auf, seine
Augen funkelten und die Röthe des Zornes flammte auf
seiner Stirne. „Weißt du, Elender," schrie er, „daß
ich dich zwingen kann mir zu folgen auf meinen Wegen.
Ich kann mit Foltern dein morsches Gebein durchwüh=
len, daß deine Kraft entstirbt in unermeßlichem Schmerze,
und du heulend verwünschest, was heilig ist. Oder
glaubst du, ich treibe mit dir ein bloßes Spiel, dich zu
ängstigen? wohlan faßt ihn Sklaven und martert seine
Glieder."

Da aber stürzte Zuleima zu den Füßen des Ver=
blendeten und flehte mit Thränen um das Leben des
alten Mannes. Und in Ismaels Herz fiel ein heller
Strahl. Vor seinen Augen zogen frühere Zeiten vor=
über und Scham verdrängte die Röthe des Zornes.

Sein Wink verscheuchte die Sklaven, die sich auf das Opfer geworfen.

„Leuthard, du getreuer Knecht," sprach er mild während eine Träne über seine Wange rollte, „kannst du mir verzeihen, daß ich hart war? Nimm hier meine Hand und bei dem Propheten, der mein Herz erleuchtet, ich will Dir stets ein gnädiger Herr sein. Bete zu Deinem Heiland, ich will Dir es nicht wehren, bete auch für mich wenn Du kannst."

„Ja," sprach mit ernster Stimme Leuthard, „ich will für Euch beten und flehen, daß der Herr Euer Herz auf die rechte Bahn zurückführe — zu vergeben habe ich Euch nichts, Ihr habt mir mehr Gutes gethan, als ich je vergelten kann. Aber scheiden muß ich noch in dieser Stunde von Euch, denn es thut nicht wohl, weilen wir noch bei einander. Glaubt nicht, daß ich mich von Euch wende, hier und da will ich bei Euch einsprechen, denn ich kann nicht von Euch lassen, bis mein Stünblein schlägt. Ich ziehe in die Wildnisse von Engadd und begehrt ihr meiner in einer wichtigen Stunde, so laßt mich suchen in den Höhlen der Berge."

Mit schwerem Herzen schied der alte Mann von dem noch immer geliebten Herrn.

Achtes Kapitel.

Reue und Buße.

Von der Stunde an, wo Leuthard Ismael verließ, zog in dessen Herzen eine finstere Schwermuth ein, die selbst Zuleima, die mit aller Liebe an ihrem Gemahl hing, nicht verscheuchen konnte. Es war, als habe sich das Auge des Herrn von dem Abtrünnigen gewendet.

Kaum ein halbes Jahr nach des Grafen Glau-

bensänderung starb Almansor und als ein Jahr ver=
flossen, trauerte Ismael an Zuleimas Grabhügel, die
ihn den Knaben Nuharebbin geboren. Der gebeugte
Mann stand wieder allein und alle Furien, die das Ver=
brechen in uns hervorruft, wurden wach. Ein geheimer
Plan schien in seinem Innern zu reifen. Mit kostba=
ren Schätzen, Gold und Kleinodien versehen, verschwand
er oft zehn, zwölf Tage lang und kehrte leer zurück.
In der Höhle Leuthards in Engaddi aber arbeiteten
Künstler und Handwerker, die Ismael weit herkommen
ließ, an der wunderbaren Kapelle, die wir schilderten.
Mit ungeheuren Summen erkaufte Ismael die heilige
Reliquie, die Abelmar schaute und auch sein eigenes
Grab ward auf seinen Befehl errichtet.

Schon war das schöne Werk vollendet, und Leut=
hard verrichtete eben eines Abends sein Gebet, als athem=
los, bleich und verstört Ismael herein zu ihm stürmte,
und sich verzweiflungsvoll an den Stufen des Altars
niederstürzte. Mit Mühe schleppte der Alte den trost=
losen Mann zu seinem Lager. „Es ist Alles verloren,"
rief er aus, „die Christen haben mein Haus zerstört,
meine Knechte erschlagen, und Nuharebbin, mein Sohn,
ist spurlos verschwunden! Wehe mir! die Zeit der
Rache ist gekommen, keine Gnade gibt es mehr für den
fluchbeladenen Mann, im Himmel und auf Erden. Was
starrt Ihr mich Alle so an? tretet zurück, mein Hauch
ist die Pest, die Euch das Blut in den Adern vergiftet,
seht her an meiner Stirn, da steht das Zeichen des
Fluches, vor dem der Reine schaudert!"

Heulend stürzte der Unglückliche zu Boden, schlug
den Kopf im Wahnsinn gegen das Gestein, bis es Leut=
hard mit aller Anstrengung gelang, ihn wieder auf das
Lager zu bringen, wo er endlich in tiefe Sinnlosigkeit
sank. Monate lang schwankte seine Krankheit zwischen
Leben und Tod, und nur durch den Beistand des Him=
mels und die unausgesetzte Pflege des alten Dieners
genas er endlich gänzlich.

Von dieser Zeit an verließ der Unglückliche die

Höhle von Engabbi keinen Augenblick; nur einmal betrat er die reiche Kapelle, um feierlich den angenommenen Glauben abzuschwören, später nie mehr. Seine Reue war aufrichtig, die Büßungen, welche er sich auferlegte, so hart, daß nur ein außerordentlich starker Körper, wie er besaß, sie ertragen konnte. Lange Jahre ließ er sich vor keinem Menschen, außer Leutharb sehen, der rastlos für seinen Herrn betete und flehte. Die außerordentliche Reizbarkeit des Grafen und der tiefe Seelenschmerz, welcher ihn folterte, gingen zuletzt in eine Schwärmerei über, die ihn in den Augen der Christen und Mohamedaner gleich hoch gelten ließ, bei den Letztern namentlich aus dem Grunde, weil sie den Wahnsinn nnd jede krankhafte Ueberspannung des Gemüthszustandes für göttliche Eingebung halten.

Der Comthur von Aarstein, Bruder des Grafen, hatte rastlos nach dem Verschwundenen suchen lassen, allein vergeblich und wie konnte er auch denken, daß Theodorich, der Einsiedler, der Vermißte sei. Nur der Großmeister, der aus früherer Zeit dem Grafen Wendelin hoch verpflichtet war, wußte um das Geheimniß, das indeß tief verschlossen in seiner Brust ruhte. Er fühlte tiefes Mitleid mit dem unglücklichen Ritter, und hatte demselben schon lang versprochen, für ihn am Stuhle des heiligen Vaters Vergebung zu erbitten. Ob er Adelmar in jene Einöde sandte, um dem alten Freunde eine glückliche Stunde zu bereiten, dürfte sich vielleicht später entschleiern.

Wir haben gesehen, welchen Eindruck der Anblick seines Sohnes, dessen Namen er in dem Schreiben des Großmeisters ersah, auf Theodorich hervorbrachte. Aber nicht dieses allein sollte sein Herz in den gewaltigsten Aufruhr setzen, auch der schlafende Nuharebbin hatte Theil daran. Adelmar hatte ihm den Namen des Gefährten genannt, ihn um Rath gefragt, wie er das Herz des Saracenen lenken möchte zum alleinseligmachenden Glauben; er hatte ihm von dem frühern Leben seines Freundes erzählt, wie dieser als schwaches Kind gefun-

ben worden sei, und nur mit gewaltiger Kraft unter=
drückte der Einsiedler seine Gefühle, um sich später Ge=
wißheit zu verschaffen. Die Erzählung Abelmars fand
vor Eröffnung des Schreibens statt; zufällig hatte der
Jüngling seinen Namen nicht genannt, kein Wunder,
wenn die Kraft des armen Vaters brach, als er seine
zwei theuren Söhne auf einmal wieder fand.

Kaum waren Abelmar und Ruharebbin in tiefen
Schlaf versunken, so war der Einsiedler schon bei ihnen.
Ruharebbin trug auf der Brust von seiner Geburt an
ein bluthrothes Mal, einem Sterne gleich, an diesem
wollte ihn Theodorich erkennen. Das leichte Gewand,
das der Jüngling trug, erleichterte dem Vater, den Sohn
zu erkennen. Mit zitternder Hand entblößte er des Schla=
fenden Brust und siehe, flammend stand das glückliche
Zeichen auf dem vom sanften Schlafe bewegten Herzen
Ruharebbins. Und nochmals drängte der Vater die
Gefühle seines Innern zurück, er schlich hinaus und
wir fanden ihn betend am Altare. Als er in die ge=
heime Pforte eintrat, eilte er zu Leuthard und unter=
richtete ihn von Allem. Der alte Diener weinte helle
Freudenthränen und fiel dem ehemaligen Gebieter hun=
dert Mal in die Arme. Die beiden Männer berath=
schlagten mit einander. Abelmar sollte, beschlossen sie,
weder Vater noch Bruder jetzt wiedersehen, Leuthard
sollte ihm das Leben des Grafen genau mittheilen, und
sie wollten dem Jüngling erst längere Zeit lassen, sich
mit dessen begangener Untreue zu versöhnen. Aus die=
sem Grunde führte ihn Theodorich in die Kapelle. Ein
Anderes war es mit Ruharebbin; dieser mußte den
Vater gleich kennen lernen, denn der Einsiedler hielt es
für die heiligste Pflicht, ihn selbst auf seine künftige
Bestimmung, ein Kind der christlichen Kirche zu werden,
vorzubereiten. Während Abelmar in den Armen Leut=
hards lag, hing der selige Ruharebbin an der Brust
des Vaters, der ihn binnen weniger Zeit in Alles ein=
geweiht hatte.

Ruharebbin gab sich ganz dem Entzücken hin, wel=

ches ihn beseelte, und als ihm der Einsiedler mittheilte, wie es ihr allseitiges Wohl verlangte, daß er von seinem Bruder eine Zeitlang getrennt bleibe und durch den Vater erst in den Bund der Christenheit eingeführt werde, fügte er sich willig, obgleich sein Herz sich lebhaft nach seinem Abelmar sehnte.

Der Templer hatte indeß die Erzählung des alten Dieners mit den widerstrebendsten Gefühlen vernommen. Seine Thränen flossen reichlich, als sie an den Punkt kamen, wo Graf Wendelin Gott und den Seinen untreu ward, doch kam kein Wort des Vorwurfs über seine Lippen. Als ihm Leuthard mit aller Beredsamkeit, deren er fähig war, die tiefe Reue, die schmerzlichen Büßungen und Entsagungen schilderte, die sich der Vater auferlegt, da schwand jedes andere Gefühl aus Abelmars Herzen, um der herzlichsten Kindesliebe Platz zu machen.

„Arme Mutter," rief er aus, „könntest auch Du ihm verzeihen, was er vom Feind verblendet, an Dir gethan; Dein treues Herz hat aber längst ausgeschlagen und über Deinem Grabe neigt eine Trauerweide die zitternden Blätter, die kaum der Erde entsprossen, als sie Dich hinabsenkten. Du bist in lebendiger Sehnsucht nach dem fernen Gatten, den Du todt oder gefangen wähntest, verblichen und seine Schuld, Du hast sie nicht erfahren! Aber vom Himmel der Seligen steige herab und umschwebe den armen Vater, damit seine Seele gestärket und erhoben werde."

Abelmar konnte sich nur schwer fügen, als ihm Leuthard sagte, daß er Vater und Bruder längere Zeit nicht mehr sehen würde und gab sich nur erst zufrieden, als ihm der alte Diener wiederholt versicherte, daß es zum Seelenwohle Theodorichs geschehe.

Schon begann der Morgen im Osten zu dämmern, als Leuthard den Jüngling durch den verborgenen Weg zurückführte und einlud, sich noch einige Stunden dem Schlafe zu überlassen. Abelmar legte sich zum Scheine nieder, aber kaum hatte der Alte die Höhle verlassen, so stand der Ritter wieder auf und fing an zu suchen,

ob er nicht Theodorich und Nuharebbin fände. Vergeb=
lich war aber sein Bemühen, sie schienen verschwunden
zu sein, denn die Wache, die vor der Höhle auf= und
abschritt, hatte Niemanden gesehen. Den Kopf von
tausend verschiedenen Gedanken durchkreuzt, warf sich der
Ritter auf sein Lager und sank in einen tiefen Schlaf,
der seinen erschöpften Körper reich erquickte.

Als Abelmar erwachte, stand die Sonne schon hoch
am Himmelszelte. Sein erster Blick fiel auf den alten
Leuthard, der mit großen Schritten in der Höhle auf=
und abschreitend, sein Erwachen erwartet zu haben schien.
Mit freundlichem Gruße bewillkommte ihn Abelmar.
„Der Herr sei mit Euch," rief herzlich Leuthard, „Ihr
habt einen langen Schlaf gethan, dafür seid Ihr aber
heut auch frisch und fröhlich und die Farbe der Gesund=
heit glänzt auf Euren Wangen. Jetzt laßt uns genie=
ßen, was der Himmel uns bescheert, kommt jetzt Euch
hier an das steinerne Tischlein." Abelmar setzte sich an
den bezeichneten Platz und Leuthard schaffte emsig Dat=
teln, Feigen und ein dem Brode ähnliches Gebäck aus
Mais herbei, zu dem er einen Krug kühlenden Weins
gesellte. Abelmar ließ sich die Kost prächtig schmecken,
als aber sein Mahl geendet, brachte der Alte ein Schrei=
ben von seinem Vater, das die folgende Worte enthielt:

„Mein theurer Sohn!

Bald wird die selige Stunde schlagen, die mich in
Deine Arme führt, bis dahin bete für das Wohl mei=
ner Seele. Dein Bruder Nuharebbin bleibt bei mir,
die beiliegenden Zeilen an den Großmeister werden Dich
deßhalb bei ihm entschuldigen. Deine Botschaft an Sa=
ladin vollbringe, ihm übergib in meinem Namen die
Pergamentrolle, die Leuthard Dir einhändigen wird.
Gott gebe Dir seine Gnade."

Neuntes Kapitel.

Saladin.

Ein überraschender Anblick bot sich Abelmar dar, als er am Abend desselben Tages, wo er von Engabbi auszog, an dem weitausgedehnten Lager Saladins hielt. Zahlreiche Reihen von Zelten zogen sich, so weit sein Auge blicken konnte, in einer von allem Zauber des Morgenlandes prangenden Ebene hin. Aller dem Orientalen eigner Prunk fand sich in dem Lager des mächtigen Sultans vereint. Die Bedeckung der großen Zelte war scharlach, hellgelb, himmelblau und von andern ins Auge fallenden Farben. Die Knöpfe der Pfeiler oder Zeltstangen waren mit goldenen Granatäpfeln, Halbmonden und kleinen silbernen Fähnchen geziert. Auf hohen, schlanken Stangen wehten gestickte Fahnen oder funkelten allerlei Zierrathen im Glanze der Abendsonne. Die größern reichern Zelte umgab eine Unzahl gewöhnlicher, schwarzer Zelte, die wie Abelmar urtheilte, wenigstens zwanzigtausend Krieger beherbergen konnten. Ein verwirrter Lärm schallte dem Ritter entgegen. Dort klang der Ton der kriegerischen Instrumente, die aus Cimbeln, Trommeln und Pfeifen bestehend, die schrecklichste Musik hervorbrachten, hier jagte wieder ein Haufen Reiter im Kriegsspiele hin und her, indem sie mit stumpfen Lanzen nach einander stießen und Mancher bei der gefährlichen Jagd das Leben verlor.

Abelmar ritt bis an die äußerste Zeltreihe, indem er die weiße Fahne, das Zeichen des Friedens, die an seiner Lanze wehte, hoch empor hielt. Alsdann umringte ihn ein Haufen Krieger mit gellendem Geschrei und führte ihn zu einem großen Zelte. Ein prächtig gekleideter Sarazene empfing ihn hier, behaglich auf weichen Kissen ausgestreckt. Durch einen Dolmetscher, der ihm zur Seite stand, fragte er nach des Ritters Begehr. Als ihm dieser das in Seide gehüllt und mit dem arabischen Namenszuge des Sultans versehene Schreiben übergab, beugte er das Haupt bis zur Erde, dann erhob er sich und sprach äußerst höflich: „Omar Ebn Thabet aus dem Stamme Azd, heißt Dich willkommen unter den Zelten seines Herrn und bietet Dir den Salem (Gruß) des Friedens. Du mußt ein angesehener Mann sein unter den Nazarenern, daß sie dich aussandten das Antlitz des Mannes zu sehen, der auf dem Stuhle des Propheten sitzt, dessen Worte den Blumen gleichen, die am Saume der Quellen sprießen und der einen Namen hat von einem Ende der Welt zum andern. Bist Du vielleicht einer der Fürsten im Heere der Franken, die ihre Huldigung darbringen wollen dem Sultan?"

Eine dunkle Röthe überzog Abelmars Wangen und mit Mühe seinen Zorn unterdrückend, sprach er: „Du irrst, Saracene, wenn Du mich für einen jener Fürsten hältst, die unter uns gebieten und noch mehr bist Du auf falschen Wegen, wenn Du in deinem Hochmuth meinst, daß ein gekröntes Haupt käme deinem Sultan zu huldigen. Ich bin Gesandter aus dem Lager der Kreuzfahrer und will Deinem Herrn Frieden anbieten zwischen dem Kreuz und dem Halbmond.

„Also seid ihr doch Bittende," erwiederte Omar der Saracene, indem ein mit leichtem Spott vermischtes Lächeln um seine Lippen zog; „wir bedürfen nicht Frieden zwischen Euch und uns, denn Allah gab die Macht in unsre Hände und durch die Gewalt der Waffen können wir Euch zwingen, das Land unserer Väter zu verlassen. Oder weißt Du nicht, daß wenn Saladin seinen Bogen und Pfeile den Kindern der Wüste schickt, *) er der streitlustigen Männer so viel herberuft, daß Euer Häuflein erdrückt wird, wie die Gazelle unter den Tatzen des Löwen."

„Es ist nicht weise von Dir," erwiederte Abelmar,

---

*) Gebrauch bei den Arabern. Das Stammeshaupt schickt Bogen und Pfeile an alle kampffähigen Männer als Aufforderung, sich um ihn zu reihen.

der seine Stellung bedenkend scheinbar ruhig blieb, „mit spöttischen Worten einen Mann zu kränken, dem sein Amt verbietet, Dir, wie Du es verdienst, zu antworten. Ich halte Deinen Sultan zu weise, als daß ich denken müßte, er habe Dir Erlaubniß gegeben über Sachen zu sprechen, die für Dich zu hoch sind und ich zweifle, daß daß er Dein Betragen billigen wird, wenn ich ihm sage, was Du Dir erlaubt hast."

Sichtbar erschrack Omar bei den letzten Worten, die Abelmar mit großer Festigkeit und Ruhe sprach: „Tapferer Christ," sagte er geschmeidig, „es war nicht meine Absicht Dich zu beleidigen; der Dichter Mansur sagt: „Das Herz weiß oft nicht, was der Mund spricht." Nimm hier meine Hand und beim Barte des Propheten, ich will Dir Freund sein, so lange Du bei uns weilst." Abelmar schlug ein und der Saracene bot von jetzt an Alles auf, seinen Gast durch Freundlichkeit und gute Bewirthung sich geneigt zu machen. Da der Ritter denselben Abend bei dem Sultan nicht mehr vorgelassen werden konnte, so nahm er das Anerbieten seines Wirthes, diese Nacht bei ihm zu wohnen, dankbar an, für sein Gefolge war schon früher gesorgt worden.

„Allah ist Allah und Mohamed sein größter Prophet, auf ihr Gläubigen zum Gebet," so tönte das Wort des Imans von den hohen, schlanken, aus leichtem Holzwerke erbauten Minarets, die in dem Lager aufgerichtet waren. *) Und vor ihren Zelten knieten Tausende von Kriegern und beugten das Haupt, nach Mekka **) zu-

---

*) Die Türken haben in ihren Kirchen keine Glocken, die nach der Religion Mohamebs verboten sind. Der Iman (Priester) besteigt die schlanken Thürme des Gotteshauses, Minaret geheißen, und ruft die Gläubigen zum Gebet, wozu er mit einem großen Hammer auf einem Brete den Takt schlägt.

**) Mekka und Medina sind geheiligte Orte bei allen Völkern, die an Mohamed glauben. In Mekka ward Mohamed geboren und floh später, um Verfolgungen zu entgehen, nach Medina. Diese Flucht nennen die Araber „Hebschra," und zählen

gekehrt, bis in den Staub. Abelmar, der, schon früh erwacht, ein Zeuge dieser Andachtsübungen war, fühlte sich unwillkührlich bewegt von dem Eifer, womit die Araber die Vorschriften ihres Glaubens verrichteten. Auch er beugte seine Knie vor dem Herrn der Heerschaaren und betete zu ihm, dem Preis und Ehre gebührt von allen Zungen.

Der Anblick der Natur war entzückend an jenem Morgen. Gleich einer flammenden Kugel zog die Sonne hinter den blauen Bergen empor. In rothem Schim= mer schwamm die Luft, in der Palmen, Cedern, Cypressen die stolzen Häupter wiegten. Saladins Lager war in einer der schönsten Gegenden Palästinas, nicht weit vom Saume der Wüste aufgeschlagen. Ein herr'liches Klima, balsamisch reine Luft und ein Ueberfluß an allen den kostbaren Früchten und Blumen, die jenes Land hervor= bringt, macht es zum glücklichsten Aufenthalt für den Sterblichen. Nimmt man nun noch den Glanz der statt= lichen Lagermasse dazu so mußte Abelmar fast glauben ein Märchen zu träumen, wie er in seinen Knabenjah= ren so gern vernommen.

Beim völligen Anbruche des Tages führte ihn Omar zu Saladin.

Der Ritter machte sich schon vorher einen außer= ordentlichen Begriff von der Wohnung des mächtigen Sultans. Er erstaunte daher nicht wenig, als ihn sein Begleiter auf ein Zelt von schwarzen Cameelhaaren auf= merksam machte, das sich nur durch seine Größe, und durch die große Anzahl von Fahnen und Panieren, die Trophäen gewonnener Schlachten und umgestürzter Kö= nigreiche, auszeichnete.

Aber über Alle — trug eine lange Lanze ein Lei= chentuch, das Panier des Todes, mit der bedeutungs=

---

nach derselben, wie wir nach Christi Geburt. Wenn der Araber betet, so neigt er das Haupt nach der Gegend der heiligen Orte und selbst alle Todten erhalten diese Lage, da dieselben sonst nach dem dortigen Glauben nicht ruhen können.

vollen Inschrift: „Salabin, der König der Könige —
Salabin, der Sieger der Sieger — auch Salabin muß
sterben," Wachen und reichgekleidete Beamte und Offi-
ziere des Sultans umstanden den Eingang des Zeltes.
Auf einen Wink Omar Ebn Thabet's eilte ein schwarzer Sklave in das Innere und kam sogleich wieder zurück. Nach einigen Worten, die er dem Begleiter des
Templers sagte, theilte dieser den Zeltvorhang, und trat
mit Abelmar ein. — Das Innere des großen Ge-
maches, in dem sie sich jetzt befanden, war mit kostbar
gewirkten Teppichen behangen, auf denen mit großen,
goldenen Buchstaben arabische Sprüche standen.

Auf einfach verzierten Kissen saß mit übergekreuz-
ten Beinen ein Mann in weißen, weiten Gewändern
und einem Turban von gleicher Farbe; nur ein Gürtel
von scharlachrother Seide konnte der einzige Schmuck
genannt werden, den er trug. Salabin, denn er war
es vor dem Abelmar stand, hatte das Haupt in die
Hand gestützt und schien aufmerksam in einer großen
Pergamentrolle zu lesen, die sein Antlitz den Blicken der
Eintretenden völlig entzog. In ehrfurchtsvollem Schweigen umgab ihn seine Leibwache und die ersten Führer
des großen Heeres, das seiner Macht gehorchte. Wohl
einige Minuten lang ließ er den Ritter warten und
schien Omars knieende Stellung nicht zu beachten. Auf
einmal aber erhob er sich schnell, warf die Rolle bei
Seite und Abelmar erblickte jetzt die ganze Gestalt des
Mannes, auf dessen Stirn die Natur |geschrieben hatte:
„Das ist ein König." *)

Fast hätte der Templer einen Schrei der Ueber-
raschung ausgestoßen, als er das Gesicht des Sultans
betrachtete, der ebenfalls in seltsamer Bewegung das
Auge auf ihn heftete. „Beim Haupte des Propheten,"

---

*) Salabin hatte von Natur aus jenen edlen Anstand, der
so leicht die Herrschaft über Andere erringt. Ueberhaupt steht er
durch seine Weisheit, Tapferkeit und Großmuth einzig in der Geschichte jener Zeiten da.

rief Saladin, er ist es! Komm in meine Arme, tapferer
Christ, denn Saladins Herz ist Dir dankbar, da Du in
einer Stunde ihm das Leben erhieltest, wo er ein Kind
des Todes zu werden glaubte. Staune mich nur an,
ich bin derselbe, den Du in den Wildnissen von Engabbi
gerettet, der Dir aber seinen Namen verschwieg. Abu
Bekr, wie ich mich nannte, war der Nachfolger des
Propheten und sein Gebein ist schon lang vermodert im
steinernen Sarge zu Medina.

Abelmar erkannte jetzt seinen Mann. Es war Sa=
ladin, den er mit Nuharebbin in jener Nacht, wo er
durch die Felsen von Engabbi zog, aus den Händen der
Räuber befreit, und er erwiederte um so herzlicher die
Umarmung des edlen Sultans, als er aus diesem Glücks=
umstande sich gute Folgen für seine Sendung versprach.

„Du bist mir willkommen, wie das Wasser in der
Wüste," fuhr Saladin fort, indem er den Ritter einlud,
an seiner Seite Platz zu nehmen. „Laß mich wissen,
was Dich zu Deinem Freunde führt, und um Deinet=
willen will ich den Vorschlägen der Christen ein günstig
Ohr leihen, denn daß Du als ihr Gesandter kommst,
habe ich vernommen." — Abelmar überreichte ihm sein
Schreiben. Saladin durchlief es und legte es bei Seite.
„Für heute, morgen und übermorgen nichts hievon,"
sprach er, „ich bestimme diese drei Tage Dir, und will
Dich dann mit einer Antwort an die Deinigen entlassen,
die Dir, als ihrem Gesandten, Ruhm und Ehre bringen
soll. Du schaust mich immer noch verwundert an und
mir scheint ich errathe Deine Gedanken. Dir däucht es
wunderbar, daß der mächtige Sultan von Aegypten,
Syrien und Palästina, gleich dem wandernden Araber
durch die Wüste streift, und sein Leben unbedachtsam in
Gefahren trägt. Du hast zuviel Ansprüche auf mein Ver=
trauen, als daß ich Dir verhehlen möchte, was mich in die
Einöde an jenem Abende führte, höre mich darum an."

„Als mich der Tod meines Vaters zum Herrn des
Orients machte, war ich jung und feurig, Ruhm und
Herrschsucht, und auf der andern Seite innige Liebe zu

ben mir anvertrauten Völkern, stritten in meinem Her=
zen. Bald träumte ich von Lorbeeren und erfochtenen
Siegen, rief stolz die Ersten meines Hofes zusammen
und sprach zu ihnen: „Was meint ihr, soll ich nicht
ausziehen mit Feuer und Schwert, neue Reiche zu er=
obern und werden meine streitfähigen Männer gerne fol=
gen, wenn ich an ihre Spitze trete und sie zum Kampf
führte, um mir Ruhm zu erwerben?" Und siehe die
Veziere und Weisen neigten sich bis zur Erde und spra=
chen: „Herr, Dein Volk brennt vor Ungebuld, sein
Blut Deinem Ruhme zu opfern, gebiete, so ist es da."
Ein ander Mal, wenn ich von den weisen Chalifen von
Bagdad hörte, wie diese im segnenden Frieden ihre Län=
der groß und mächtig machten, wie unter ihnen Künste
Wissenschaften blühten, und wie man wallfahrtete nach
Bagdad um dessen Wunder zu schauen, — da rief ich
die Weisen wieder zusammen und sprach zu ihnen:
„Laßt mir Künstler und Gelehrte kommen, ich will mein
Schwert in der Scheide lassen, und mein Volk soll
glücklich sein im Schatten seiner Palmen." — Und die
Weisen neigten die Stirn bis zur Erde und sprachen:
„Herr Dein Wille geschehe, denn Deine Weisheit gleicht
dem Diamant, der alles überstrahlt, und was Du sprichst
ist erquickend, wie der Thau der die Kelche der Blumen
öffnet." Ich aber war nicht befriedigt von dem, was
die Männer gesprochen, wollte ich Krieg, oder wollte
ich Frieden, so war ich weise, aber was war das Beste?"

„In tiefe Gedanken versunken, lag ich eines Tages
in der großen Halle meines Palastes und schaute in die
Strahlen eines Springbrunnens, der unausgesetzt sein
klares Wasser emportrieb, und die angenehmste Kühlung
verbreitete. Ich hatte befohlen, daß Niemand zu mir
gelassen werde, und sprang zornig auf, als sich plötzlich
der Thürvorhang theilte und die hohe Gestalt eines alten
Mannes vor mich trat. „Was willst Du hier Elender?"
schrie ich, „und wer erlaubt Dir einzudringen, wo ich
heute Niemand sehen will!" „Die Milde des Fürsten,"
erwiederte mit ernster Stimme der Fremde, „gleicht dem

Abend, der segnend sich über den Erdkreis senkt, aber
sein Zorn ist ähnlich dem Blitze, der aus dunkler Wolke
die Hütte des Friedens zerschmettert. Ich bin Theodo=
rich der Einsiedler aus der Wildniß, und warum schmähst
Du mich, weiser Sultan, da doch Dein Befehl mich hie=
her gerufen!"

„Ich muß Dir offen gestehen," fuhr Saladin in
seiner Erzählung fort, „daß ich sichtbar überrascht war,
von der festen Rede des Einsiedlers. In der That
hatte ich denselben vor mich beschieden, um persönlich den
Mann kennen zu lernen, dessen Ruhm unter dem Halb=
mond und Kreuz gleich groß war. — Wie es Män=
nern geziemt, sagte ich ihm mit wenig Worten, weßhalb
ich ihn so rauh empfangen, und nach kurzer Zeit saßen
wir schon, in wichtige Gespräche vertieft, bei einander.
Du warst bei Theodorich und weißt, daß seine Worte
Perlen sind; er sagte mir Dinge, die mir unschätzbar
bleiben. Kurz vorher, ehe ich ihn bei mir sah, war ich
durch Euch zu neuem Kampfe genöthigt worden, das
Geschick hatte für den Krieg entschieden, und wahrhaftig
mein Schwert ist seit jener Zeit nicht in der Scheide
geblieben. Ich beklage aufrichtig gegen Theodorich, daß
mir es nicht vergönnt sei, meinen Völkern Frieden zu
schenken. Er faßte dieß eifrig auf, und sprach mit einer
Glut und Beredsamkeit für Euch; bei dem Haupte des
Propheten, ich war nahe daran, Euch mehr zu gewäh=
ren, als ich vor Allah und meinem Volk verantworten
könnte. — Seit jener Zeit sahen wir uns, Theodorich
und ich, sehr oft. Bald kam er zu mir, bald eilte ich
allein in seine Wildniß um seine Weisheit zu hören,
und um seinetwillen gestattete ich den Kreuzfahrern so
Manches, was ohne den Mann der Wüste nie geschehen
wäre. Als Du mich an jenem Abend antrafst kam ich
von ihm und Du nahtest Dich zur rechten Zeit, meine
Tage zu erhalten. Aber ich habe bereits Gericht gehal=
ten in den Höhlen Engabbis und das Schwert meiner
Henker hat reiche Ernte gefunden unter den Verworfenen,
die dort ihre Heimath suchten."

Jehntes Kapitel.

Das Lager.

Ein reges Getümmel herrschte im Lager Salabins; der Sultan durchzog mit seinem Gaste die Reihen. Zu beiden Seiten der Zelte bildeten die Krieger eine lange, unübersehbare Reihe und empfingen mit lautem Jubel den geliebten Herrscher. Dazu lärmte wieder die rauschende Musik, klirrten die Waffen, erschallte das Stampfen der Rosse. — Vor Allem fesselte die Leibwache des Sultans Abelmars Aufmerksamkeit. Ein jedes Pferd bei dieser Truppe, die aus fünfhundert Mann bestand, war das Lösegeld eines Grafen werth. Die Reiter selbst waren georgische und circassische Sklaven, in der ersten Blüthe ihrer Jugend mit Helmen und Schilden von polirtem Stahl, so glänzend, daß sie von Silber zu sein schienen; die Röcke von den lebhaftesten Farben, manche sogar von Gold= oder Silberstoff; ihre Gürtel waren mit Seide und Gold umwunden, die reichen Turbane mit Federn und Juwelen geziert, Schwerter und Dolche von Damas=cener Stahl, glänzten an Griff und Scheide von Gold und Edelsteinen.

Salabin führte den Templer von einer Truppen= Abtheilung zur andern und Letzterer staunte über die Streitkräfte, die dem Erstern zu Gebote standen. Allent= halben bemerkte Abelmar die außerordentliche Liebe, mit tiefster Ehrfurcht gepaart, welche die Krieger dem Sultan zollten. — Als sie bei einem der Minarets vorbeiritten, stürzte sich von der Zinne desselben ein Mensch dicht vor dem Pferde des Sultans herab. Erschrocken hielt Abel=mar an, als er sah, daß ein Jüngling von höchstens siebzehn Jahren zu ihren Füßen das blühende Leben aushauchte. Salabin befahl ernst, den Leichnam hinweg=zutragen und wandte sich dann an Abelmar: „Der Dichter sagt: Des Menschen Herz ist finster, erleuchtet es nicht der Glaube, aber der rechte Glaube ist seltener, als Perlen und köstlich Edelgestein. Der Jüngling ist einer von den Irrgeleiteten, die sich aus Liebe und Treue zu ihrem Herrn freiwillig den Tod geben, um dadurch zeitig ins Paradies zu gelangen. Vergebens eifre ich dagegen, aber ich kann nicht mehr den strafen, welcher unter dem Schwerte Azraels *) gefallen. Der Knabe, den Du sterben sahst, gehört einer edlen Familie an, die durch jene That vom Volke verehrt wird." — „Unseliger Wahn," klagte Abelmar, „so muß denn immer Blut fließen, als könne der Same des Schönen und Erhabenen nur entkeimen, wenn er mit den Lebenswellen des Menschen genetzt wird." „Du sprichst ein wahres Wort," meinte Saladin, „Deine und meine Religion hat des Blutes viel gekostet und noch immer fließt es im harten Kampfe. Aber glaube mir, nur was der Mensch schwer erringt, das, woran er Leben, Blut, Freiheit und seine Schätze setzt, ist ihm theuer, das wahrt er. Und woraus willst Du die wahre Aufopferung erkennen, als daß Du Dein Recht und was Dir wahr scheint, vertheidigest mit dem Köstlichsten, was Du hast. Und meinst Du, daß nach Hunderten von Jahren der alte Kampf ausgefochten sein wird; er wird dauern, so lang die Welt steht, denn der Menschen, denen das Schwert lieber als die Palme des Friedens, erzeugt jedes Jahrhundert und ist die Macht in ihren Händen, so fassen sie den Schwachen an und die Furie des Krieges schwingt die Fackel des Verderbens. Diese Tausende, die Du um Dich siehst, sie würden unter ihren Zelten wohnen, umgeben von ihren Weibern oder Kindern, oder mit ihren Heerden friedlich von einer Weide zur andern ziehen; ich aber muß sie hinausführen, alle die Liebesbanden, die den Menschen an die alte angestammte Heimath und die Lieben, die er sein nennt, fesseln, ich muß sie zerreißen — ich muß es. Ich sage Dir, Saladin ist kein Freund des Krieges, kein Herr-

---

*) Der Todesengel.

scher, der in thörichter Eroberungssucht die Besten seiner Männer opfert. Lieber sähe ich den Oelzweig des Friedens um meine Stirne, als den blutbesprihten Lorbeer, den ich mir erzwingen muß. Blicke auf jene lachende Landschaft, auf die weißen freundlichen Häuser, die sich stufenweise zwischen dem frischen Grün hinziehen, — siehe hier ward noch nicht die Fackel des Krieges hingeschleudert und dann denke Dir Alles verändert, als sei da der Schauplah einer Schlacht gewesen. Rauchende Schutthaufen, kahle Wände mit öden Fensterhöhlen stellen sich Dir entgegen, die schönen Cedern und Palmen, die Dich erfreuen, sind zerknickt, der Boden zerstampft und mit Leichnamen besät. Sprich aufrichtig, pocht Dir nicht das Herz unter dem Panzer voll Wehmuth, wenn Du daran gedenkst. Und wer brachte das Unglück in die glücklichen Gefilde Palästina's? Ihr Christen, ihr allein waret es, ihr seid herübergezogen über das Meer, habt Euer Erbe, Euer Weib und Kind zurückgelassen, um uns in unserm Glücke aufzujagen und uns zu rauben, was wir Jahrhunderte besaßen. Wohl weiß ich, daß das Grab Eures Heilandes in unsern Händen ist, und daß Ihr es wieder gewinnen möchtet, um das Königreich Zion noch einmal heraufzubeschwören. Wohl weiß ich, daß unter meinen Vorfahren Pilger mißhandelt wurden, die wehrlos zu der Euch heiligen Stätte wallfahrteten; allein was suchet Ihr noch in dem zerfallenen Jerusalem? längst hat die Zeit ihre Rechte geltend gemacht an den Trümmern der von Euch in hohen Ehren gehaltenen Stadt und sagen nicht Eure heiligen Bücher: der Prophet von Nazareth sei erstanden von den Todten und aufgefahren gen Himmel? Was wollt Ihr also mit dem Schutt, unter dem die Orte begraben liegen, wo er wandelte, da Ihr nicht einmal die Stätte wißt, wo sein Leichnam geruht?" — „Deine Worte haben viel Wahres," erwiederte Adelmar, „und ich sehe, daß Du eben so weise sprichst, als Du das Schwert zu führen verstehst. Allein was würdet Ihr thun, wenn ein Eroberer käme, mit Gewalt über die Städte Mekka und

Medina herfiele, um sie Euch zu entreißen?" „Ha, bei
Allah, dem Beherrscher der Welt," rief Saladin, indem
die Röthe des Zornes in seinem Gesichte aufloderte und
die Rechte den Griff seines Damasceners faßte, „ich
würde ihn —" „Siehe, Du verräthst Dich selbst,"
sprach Abelmar, „schon der Gedanke macht Dich zornig.
Und ist es mit Jerusalem anders? Du hattest gewiß
auch einen Vater, der Dir theuer war; der Tod raubte
ihn von Deiner Seite. Sprich aufrichtig, wie war es
Dir, als das Grab sich über ihm geschlossen und Du
das Zimmer betratest, wo er früher weilte, als Du an
dem Lager standest, von dem aus Dich seine Hand seg-
nete? Ging nicht ein heiliger Schauer durch Deine
Seele, war es Dir nicht, als müsse er hereintreten zu
Dir? Und wärest Du lange Jahre fern gewesen von
Deinem Hause und fändest Du es zertrümmert wieder,
es bleibt Dir heilig, unvergeßlich durch die lieben Erinnerungen, die Du an dasselbe knüpfen kannst." „Ich
verstehe Dich ganz, Du edles Herz," sprach Saladin,
indem er gerührt dem Jünglinge die Hand reichte, „und
ich denke Dir noch zu zeigen, wie auch ich das Ver-
mächtniß theurer Todten zu ehren weiß."

Unter diesen Gesprächen hatten Saladin und Abelmar das eine Ende des Lagers erreicht, und waren eben
im Begriff, in eine andere Abtheilung einzulenken, als
ihre Aufmerksamkeit durch ein lautes Pochen und den
melancholischen, einförmigen Ton einer Männerstimme
erregt ward. „Die tanzenden Derwische," rief der Sultan, „Du wirst nicht ungehalten sein, Freund Aarstein,
wenn ich Dich zum Zeugen eines Dir gewiß fremden
Schauspiels mache." Bei diesen Worten schwang sich
Saladin vom Pferde und schritt zu Fuß durch die vor
ihm knieende Menge der Krieger nach einem leicht aus
Holz gebauten, kirchenartigen Gebäude von unansehn-
lichem Aeußern, auf dessen Dache sich ein schlankes Thürm-
lein erhob. Hier stand ein kleiner Mann mit einem
hölzernen Hammer, mit dem er fortwährend auf ein
großes Brett schlug und eintönig Gebete absang. „Das

ift der Imam *)," bedeutete Saladin seinem Begleiter,
„er ruft die Gläubigen zum Anschauen der religiösen
Ceremonie, die uns erwartet. Laß uns jetzt eintreten."

Das Innere des Gebäudes entsprach seinem Aeußern,
es war roh bemalt und mit Sprüchen aus dem Koran
geziert. Der ganze Raum war gedrängt voll von an=
dächtigen Zuschauern, die jedoch ehrfurchtsvoll dem Sul=
tan und seinem Gaste Platz machten. Abelmar gewahrte
auf einem großen Teppich sechs Männer von verschiede=
nem Alter, in weite schmutziggraue Oberkleider gehüllt,
mit bloßen Füßen und den Kopf geschoren bis auf ein
kleines Bündel von Haaren auf der Mitte des Scheitels,
das zopfartig herunterhing. Die Männer murmelten,
während der auf dem Dache rief, düster vor sich hin
und ließen dabei große gläserne Perlen, die sie wie
unsere Rosenkränze an eine Schnur gereiht, durch die
Hand rollen. Als die Stimme oben verstummte, ver=
stärkte sich das Murmeln immer mehr und mehr und
ging in einen Gesang über, der einen sonderbaren Ein=
druck auf den Zuhörer machte. Er hatte etwas choral=
artiges, aber ohne das Würdige, das unsern Kirchen=
gesang ziert, zu erreichen. Bald war die Melodie schlep=
pend und schwermüthig, bald ging sie wieder in einen
heitern Ton über. Auf einmal fingen Alle an, sich
gleichzeitig hin und her zu wiegen. Diese Bewegung
aber wurde bald schneller und durch den immer lebhaf=
tern Gesang tönten ungestüm die Ausrufungen: „Allah"
und „Mohamed." Im Nu warfen sie dann sämmtlich
ihre Oberkleider ab, sprangen vom Boden auf und schleu=
derten ihre Arme wüthend umher. Als ihre Seele mehr
erhitzt war, zogen sich Einige fast nackend aus, während
Andern der Schaum vor dem Munde stand; ein paar
alte Männer sanken erschöpft zu Boden und das Ge=
schrei: „Allah" und „der Prophet!" war weit zu hören.
Es war ein seltsames Schauspiel von Schwärmerei und
Heuchelei in Verbindung, was aber folgte war noch

---

*) Priester der Mohamedaner.

widriger; denn die Derwische brannten sich einander mit glühenden Eisen an Beinen, Füßen und andern Theilen des Körpers und riefen dabei heulend den Namen Gottes aus, dem zu Ehren sie dies alles trügen.

Abelmar war in der That froh, als ihm Saladin das Zeichen zum Aufbruch gab und der Sultan billigte vollkommen die ungünstige Meinung, welche der Ritter über diesen Fanatismus unumwunden aussprach.

Eilftes Kapitel.

Die Löwenjagd. *)

Am andern Morgen erhielt Abelmar vom Sultan eine Einladung, ihn auf die Löwenjagd zu begleiten. Gern erklärte sich der Templer dazu bereit, und beim Aufgang der Sonne befand sich schon die Jagdgesellschaft, aus den ersten Beamten und einem Theile der Leibwache des Sultans bestehend, auf dem Wege. Einige Jäger, die der Sultan den Tag vorher ausgeschickt, hatten bereits das Lager des Königs der Thiere auskundschaftet und sie dienten dem Zuge als Wegweiser. In der Nähe eines kleinen Flusses, der sich durch trockenen Sandboden zog und hie und da von der Sonne fast versiegt war, machten sie Halt. Das Ufer des Flusses umgab an mehreren Stellen langes dürres Schilfrohr, das sehr dicht stand und eine ziemliche Breite einnahm. Hie und da waren die Halme umgeknickt und man gewahrte förmliche Gänge, die in das Dickicht führten.

Der Instinkt des Löwen lehrt ihn, sich in der Nähe des Wassers aufzuhalten. Hier legt er sich auf die

---

*) Die Löwenjagd ist vorzugsweise eine Lieblingsunterhaltung der Fürsten in Asien und Afrika.

Lauer, um die schwächern Thiere, die harmlos sich nähern, um ihren Durst zu stillen, zu überfallen und als Beute fortzutragen. Von allen Seiten ward nun das Rohr umstellt und bald zischten Pfeile durch die Halme und das Geschrei der Jäger schallte laut. Mit einem Male ertönte aus dem Dickicht ein dumpfes Brüllen und in gewaltigen Sätzen erschien ein prächtiger Löwe vor den Augen der Harrenden. Als das majestätische Thier sich von allen Seiten umgangen sah, stutzte es, schüttelte die goldgelbe Mähne und peitschte mit dem langen Schweife den Boden. Da klirrte Saladins Bogen und in die Schulter des gefährlichen Wildes drang der Pfeil. Ein Geheul der Wuth und des Schmerzes folgte dem Schusse, und racheschnaubend stürzte der Löwe in die Reihen der Jäger. Schnell zertheilten sich diese auf ihren wind= schnellen Rossen und von allen Seiten regneten Pfeile auf den grimmigen Feind. Ein Schuß traf diesen ins Auge und Abelmar schauderte über das Geheul, das das Thier ausstieß; es war gräßlich und erschütternd. Als der Löwe sich untüchtig zur Verfolgung fühlte, kehrte er um und suchte das Dickicht wieder zu erreichen, aber vergebens; ein Wink des Sultans und mehrere des Ge= folges stürzten ihm nach und trotz der wüthendsten Gegen= wehr lag er bald getödtet am Boden.

Eben waren die Sieger im Begriff, den Löwen zu den Füßen Saladins zu tragen, als ein abermaliges Geschrei der ausgestellten Posten ein neues Wild ankün= digte. Es war die Löwin, die auf Raub ausgewesen und bei ihrer Zurückkunft das Lager leer fand. Er= schrocken ließen die Jäger den todten Löwen fallen und liefen so schnell sie konnten über die Fläche. Die Löwin aber eilte in langen Sprüngen auf den Todten zu, be= roch ihn von allen Seiten und starrte mit wuthblitzenden Augen auf die umstehenden Feinde. „Jetzt gilt es," rief Saladin zu Abelmar, „sei auf Deiner Hut," und noch einmal spannte er den Bogen und zielte auf die Löwin; diese aber bemerkte die Bewegung Saladins, wich dem Schusse aus und jagte unverwundet gerade auf den Sul=

tan zu. Dieſer hat nicht Zeit genug, der Gefahr zu
entfliehen, ein Augenblick und die Löwin hat die gewal=
tigen Tatzen in die Bruſt ſeines Roſſes geſchlagen, die=
ſes bäumt im Todesſchmerz und ſtürzt mit ſeinem Reiter
zuſammen. Salabin wird zu ſeinem Glücke einige Schritte
weit geſchleubert, das Roß aber fällt gerade über die
Löwin hinweg und ehe dieſe Zeit hat, ſich aufzuraffen,
ſtößt ihr Abelmar ſeine Lanze durch den Körper. Der
Sultan iſt unverwundet und weiß nicht, wie er ſeinem
abermaligen Retter genug banken ſoll.

Unter dem Jubel ſeines Gefolges kehrte Salabin
mit Abelmar ins Lager zurück und in ſeinem Zelte ſprach
der Erſtere zu dem Ritter, indem er ihn an ſeine Seite
zog: „Es iſt das zweite Mal, daß Dein ſtarker Arm
mich aus Todesgefahr befreit und der reiche Sultan von
Syrien und Paläſtina weiß nicht, wie er ſeinen edel=
müthigen Retter belohnen ſoll. Höre mich an, Freund
meines Herzens, und gedenke wohl, was ich Dir ſage.
Die Stimme meiner Völker nennt mich weiſe und ich
kann nur Allah banken, der meinen Verſtand hell machte.
Ich habe mein Volk glücklich gemacht, ſo weit ich es
vermochte. Nicht zitternde Sklaven umſtehen einen Ty=
rannen, wie es nur zu häufig bei uns im Morgenlande
der Brauch iſt, mein Volk liebt mich und ich bin ſtolz
darauf, ſeine Liebe zu verdienen. Ich benke anders wie
Ihr, mein Glaube und der meiner Unterthanen, er iſt
nicht der Eure und wir fechten um unſre Religion mit
dem Schwerte. Aber glaubſt Du, daß diejenige Partei,
es ſei nun die Eurige oder die Unſrige, die im Irrthume
ſchwebt, von Allah, der ein Gott der Gnade iſt, hier
und jenſeits auf ewig verſtoßen werde? Und biſt Du
ganz feſt überzeugt, daß wir nicht Beide irren? — Un=
terbrich mich nicht, laß mich unumwunden ſprechen, frei
wie Männern geziemt. Könnteſt Du, Abelmar, nicht
das äußere Band brechen, das Dich an den Glauben
der Chriſten knüpft, können die Ehren, der Reichthum,
die Macht, mit der ich Dich kleiden wollte, Dich nicht
bewegen, den Glauben anzunehmen, der allein mich in

den Stand setzte, Dich so hoch zu erheben, wie Du es verdienst?"

Eine Leichenbläſſe überzog bei dieſen Worten Abel=
mars Wangen, er gedachte an seinen Vater, dann aber
sprach er: „Du biſt mir nichts mehr ſchuldig, weiſer
Saladin, für das, was ich vom Zufall begünſtigt, für
Dich gethan. Siehe, ich wäre von Dir geschieden, und
mein Herz hätte der Stolz des Bewußtseins erfüllt, der
jeder That folgt, die vor dem Herrn recht iſt. Du
verbitterſt mir das ſüße Gefühl, weil Du meinſt, ſchnö=
der Gewinn, den ich mit meinem Seelenheile erkaufen
müßte, könnte mich belohnen. Nein, Sultan Saladin,
vernimm das Wort eines freien deutschen Mannes, nie
und nimmermehr weiche ich von dem heiligen Glauben,
in dem ich geboren und erzogen ward und den ich als
recht erkannt. Wohl mögen hohe Tugenden Dein Herz
erleuchten, die erhabenſte Weisheit Deine Stirne zieren,
der Chriſtenritter kann nur für Dich beten, daß Dein
Herz erleuchtet werde und Gott Dir bereinſt barmherzig
ſein möge. Kennſt Du das Kreuz, das hier auf meiner
Bruſt ruht? es iſt das Kreuz der Entsagung, das Zei=
chen der heiligen Verbindung, der ich angehöre. Daheim
im fernen Deutschland, da liegen mir der reichen Be=
ſitzungen gar viele und der Name meines Hauses wird
mit Ehren genannt. Ich habe aber in meinem Blüthen=
alter der Welt entſagt und alle Hoheit von mir gewor=
fen, eines heiligen Gelübdes wegen. Mein Schmuck iſt
meine Rüstung und das blutrothe Kreuz, das meinen
Mantel ſchmückt, der bereinſt mein Leichentuch wird. Kein
Weib wird mir je zur Seite ſtehen, kein Kind mein Alter
unterſtützen, und doch bin ich glücklich und ſtolz genug,
Dein Anerbieten zurückzuſtoßen, das ich von Deinem
Munde nie erwartet hätte. Oder, ſprich Saladin, wür=
deſt Du den Mann aus Deinem Volke achten, der um
Güter der Welt zu gewinnen den Chriſtusglauben aus=
nähme und den Deines Propheten abſchwüre?" „Nein,
bei dem Haupte Mohameds, ich würde ihn verachten,
wie einen räudigen Hund," rief Saladin, „und glaubſt

Du wohl, Christ, daß es mir Ernst war, als ich Dir jenen Vorschlag machte? — Verzeihe mir, der so gern das Menschenherz prüfte, wenn er gleich dem Bergmann in Dein Inneres drang, um reines Gold zu sehen. Ich kenne den Orden nur zu gut, dem Du angehörest, und ich fand unter ihm schon oft die Falschheit und den Verrath im Mantel der Heiligkeit. Du aber bist ein Mann, wie sie Saladin liebt, fest und gerecht, und es ist eine Freude für mein Herz, findet es ein Gemüth, das treu und gläubig die rechte Bahn geht. Du hast uneigennützig, nur durch das Bewußtsein, eine edle That verrichtet zu haben, belohnt, zweimal mein Leben erhalten, und ich kann Dir nie vergelten. Aber Du bist als Abgesandter der Christen in mein Lager eingezogen, und nur dadurch erhalte ich Gelegenheit, Dir einen kleinen Theil meiner Schuld abzutragen, indem ich in die Vorschläge, die Deine Glaubensgenossen mir gemacht, so weit eingehe, als ich kann und darf. Höre mich an, was ich Euch bewillige und was ich fordere. Ich will mich durch Wort und Schrift verpflichten, den christlichen Pilgrim zu schützen und zu erhalten, wenn er nach Jerusalem wallfahrtet. Keine Steuer, keine Abgabe drücke ihn, und als Gast sei er geachtet und geehrt in meinem Lande. Ich gestatte Euch, Priester anzustellen, welche die Euch heiligen Gebräuche verrichten. Ich überlasse Euch, ein Gebäude zur Aufnahme aller Wallfahrenden in Jerusalem zu erbauen, das unter meinem unmittelbaren Schutze stehen soll. Ihr dagegen zieht Eure Truppen gänzlich aus meinen Ländern zurück, und es sei fortan Frieden zwischen Euch und mir. Das Begehr der Fürsten, ihnen die von mir eroberten Städte zurückzugeben, kann ich nicht erfüllen. Ihr würdet sie längere Zeit doch nicht behaupten können und ich kann die Ruhe meinem Volke nicht eher geben, als bis Ihr gänzlich Palästina verlasset." *)

*) Geschichtlich. Saladin gewährte diese Begünstigung den Christen, als Richard von England und Philipp von Frankreich Palästina verließen.

Salabin übergab Abelmar die Traktate schriftlich, und dieser schied mit bewegtem Herzen von dem edeln Sultan.

Zwölftes Kapitel.

Glückliche Tage in der Einsamkeit.

Nuharebbin verlebte an der Seite des Vaters die glücklichsten Tage. Gleichwie David die Schwermuth König Sauls verscheuchte, so hatten sich die trüben Wolken des tiefen Schmerzes aus dem Antlitze Theodorichs gezogen, seit er den Sohn bei sich sah. „Der Herr hat mein Flehen erhört und sein Antlitz gnädig mir zugewendet, ihm sei Ruhm, Ehre und Preis in alle Ewigkeit." So betete er oft an den Stufen seines Altars. Dann aber nahm er Nuharebbin am Arme und schritt mit ihm hinauf in die Berge zu seinem Lieblingsplatze. Es war dies ein großer freier Platz auf dem Gipfel eines ziemlich hohen Berges. Frischer grüner Rasen, aus dem tausend balsamisch duftende Blumen die bunten Häupter erhoben, schmückte ihn. Die glühenden Strahlen der Sonne konnten ihre Gewalt auf diesen schönen Ort nicht geltend machen, da von drei Seiten hohe Felswände sich erhoben, und nur die letzten Blicke des scheidenden Tagesgestirnes zu ihm bringen konnten. Eine reine herrliche Luft wirkte wohlthätig auf den menschlichen Körper, und in prachtvollen Fällen stürzte sich von dem einen Felsen ein majestätischer Wasserfall herab, der zum Theil in Krümmungen den Rasenplatz durchschnitt, theils sich schäumend in die Tiefe verlor. Hier brachte Theodorich mit dem wiedergefundenen Sohne den größten Theil seiner Zeit zu, die er benützte, um den Jüngling in den Christusglauben einzuweihen. Dieser faßte mit lebendi-

5 *

gem Eifer Alles auf, was ihm gelehrt ward, denn wel=
cher Mund hat die Kraft über das kindliche Herz, als
der des Vaters oder der Mutter. Jedes Wort der
Eltern findet in der unverborbenen Seele des Kindes
und des schon herangereisten Jünglings einen sichern
Anklang, und wohl dem, der noch in späterer Zeit die
Ermahnungen der Theuren in sich trägt.

Es war ein schöner Anblick, den Einsiedler an der
Seite des Sohnes zu sehen. Das patriarchalische Wesen
des hohen Greises, dessen silberweißer Bart in reicher
Fülle auf die Brust floß, und das kühne, stolze und doch
so milde Aeußere Nuharebbins harmonirte so eigenthüm=
lich zusammen, daß der Wanderer, den sein Weg in jene
Einsamkeit geführt hätte, unwillkürlich im Anschauen der
Beiden stehen geblieben wäre. Oft sprachen sie von
Abelmar, und priesen die Vorsehung Gottes, die auf so
wunderbare Weise ihn und Nuharebbin zusammengeführt
und gnädig verhütet hatte, daß ein Bruder den andern
im Kampfe erschlug. „Ja, mein Sohn,“ rief Theodo=
rich, „es ist ein milder, liebender Vater, der über uns
wacht und nur straft, wenn es das Heil seiner Kinder
verlangt. Blicke auf die wunderbare Gestaltung des
menschlichen Lebens, von der Wiege bis zum Sarge.
Schwach, hülflos wird der Mensch geboren, er vermag
sich nicht selbst zu helfen. Aber in das Herz der Eltern
da legte der Herr die unendliche Liebe, die sich auf=
opfert für das Wohl der Kinder. Selbst der Bösewicht,
dessen Handwerk der Mord und Raub ist, stirbt nicht
seine Wildheit in dem Anblick des Kindes, das er sein
nennt und das er mit sich trägt durch tausend Gefahren?
Das schwache Weib, es scheut nicht den Tod, gilt es
den Säugling zu retten, dessen Leben bedroht ist. Als
Herodes einst den Blutbefehl aussprach, die zarten Kind=
lein in Bethlehem zu morden, auf daß der neugeborne
König von Jerusalem sicher sterbe und sein Reich ver=
nichtet werde auf Erden, siehe, da stürzten sich die Frauen
den Henkern entgegen und ihre Hand faßte in das Schwert,
das gegen ihre Kinder blitzte. Sie warfen sich mit der

Kraft der Verzweiflung den rauhen Männern in die Arme und rangen mit ihnen, um die Theuren aus der Todesgefahr zu retten. So wacht die Liebe der Eltern, bis der Knabe, das Mädchen erstarkt ist, und im Tode noch segnet ihre Hand die weinenden Zurückbleibenden. Und am Altare segnet des Priesters geweihter Mund ein neues Band der Liebe. Es verbindet sich der Jüngling mit der Jungfrau; ein neues Leben geht für Beide auf. Sie tragen Kummer und Sorgen mit einander, und an ihrer Seite erblüht ein neues Geschlecht. Und so, bis im späten Alter der Herr uns zu sich ruft, schlingt sich die Liebe in unser Leben. Siehe, wäre der Glaube nur immer so lebendig im menschlichen Herzen, daß es fest stünde in den Stunden der Anfechtung, so wäre die Welt glücklich. — Gott hat Alles weise gemacht, er hat von Anfang der Welterschaffung Alles angeordnet, daß dem Menschen das Streben nach Tugend und Recht erleichtert werde durch Lehre und Beispiel. Da sind die Männer des Alterthums: Abraham, der seinen Sohn opfern wollte dem Herrn zu gefallen, Moses, der das auserwählte Volk führte in das Land, wo Milch und Honig fleußt, David der Sänger der göttlichen Psalter und die Reihe der Propheten, die unter Israel wandelten, um es auf der Bahn des Lebens zu erhalten. Aber das Herz des Volkes Gottes war verstockt und sank in Sittenlosigkeit und Abgötterei. Stolz darauf, die Auserwählten des Herrn zu sein, trachteten sie nicht darnach, diesen Namen zu verdienen. Wehe ihnen, wäre der Herr ein Gott des Schreckens gewesen, wie sie ihn betrachteten, das Schicksal der Städte von Sodom und Gomorrha, auf die Feuer vom Himmel fiel, es hätte sich wiederholen müssen an der verblendeten Menschheit. Aber das Auge des Herrn blickte liebend auf sie herab, und gleich dem milden Thau, der die Knospen der Blumen öffnet im geheimnißvollen Wirken, waltete die Gnade Zebaoths. Er sandte Jesum Christum, als den größten Zeugen seiner Liebe für die Erdenkinder. Aber nur wenige erkannten den hohen Werth des Gottgesandten, die andern

suchten ihn zu fangen und zu tödten. Durch den Kuß
des verblendeten Jüngers ward der Herr den Peinigern
überliefert. Eine Dornenkrone setzten sie ihm auf und
Geißelhiebe zerfleischten den Rücken, welcher der Welt
Sünde trug. Den schimpflichsten Tod, womit man die
ärgsten Missethäter straft, erlitt der Sohn Gottes, und
in unendlicher Qual betete er noch für seine Feinde. Wie
unendlich höher steht Jesus als Mohamed, der nur durch
glühende Beredsamkeit, lebendige, dem Morgenlande zu-
sagende Bilder und mit dem Schwerte seine Lehre verbreitete. Seine Religion ist für die Sinne, sie ist, wie
Du weißt, voll Gleichnisse und Parabeln, die oft einen
erhabenen Geist athmen. Er hat eine Religion gestiftet,
die sich den Sitten den Volkes bequemte, dem er sie
lehrte; er erzählte seinen Anhängern wunderbare Geschich-
ten, die den glänzenden Mährchen gleichen, welche Du
wohl kennen wirst. Durch das Schwert wurden neue
Anhänger erzwungen und Länder erobert. Mit großer
Zuversicht ging jeder Krieger seinem Schicksal entgegen,
denn was sagt der Prophet: „Des Menschen Schicksal
ist von Erschaffung der Welt an bestimmt, und keiner
kann seiner Stunde entgehen." Diese Lehre erzeugte die
glänzendsten Erfolge und war Ursache der Tollkühnheit,
die noch heut den Anhängern Mohameds eigen ist. Wie
anders ist dagegen Christi Lehre, nicht mit Feuer und
Schwert erzwang sie sich Jünger. Im Herzen weniger
Auserwählten glühte sie fort, von allen Seiten ward sie
verfolgt, aber sie ward nicht unterdrückt, seine Religion
gehörte der ganzen Welt."

So sprach Theoborich zu Nuharebbin, der mit ganzer
Seele an der Erzählung des Vaters hing und es nicht
erwarten konnte, in den Bund der Christen aufgenommen
zu werden.

Dreizehntes Kapitel.

Richard Löwenherz.

Richard, König von England, war glücklich von der schweren Krankheit genesen, die ihn lange Zeit an das Lager fesselte, und vernahm mit Schrecken, daß die Fürsten des Kreuzes einen Gesandten an Saladin abgeschickt hatten, Frieden zu schließen. Sein stolzes Herz wallte über im gewaltigen Zorne, als er seine Träume von Schlachten und Eroberungen, in denen er immer als der Erste, unerreichbar dastand, durch kalte Politik zerrinnen sah. Es war ihm ferner klar, daß man seine Krankheit wohlweislich benützt hatte, um seine Stimme zu umgehen. Richard war von Natur herrschsüchtig, anmaßend und stolz auf den Namen „der Löwenherzige," den er sich durch seine fast fabelhafte Tapferkeit erworben. Er hielt sich höher und besser, als die übrigen Fürsten, und zog sich daher deren Feindschaft zu. Unter andern beleidigte er den Herzog Leopold von Oesterreich auf's empfindlichste, wofür sich dieser aber in späterer Zeit grausam rächte, indem er Richard bei dessen Heimkehr aus Palästina in seinen Staaten gefangen nahm, und lange Zeit in einem festen Thurm einschloß, aus dem sich der König von England nur durch schweres Lösegeld befreite.

Philipp August von Frankreich, der genannte Herzog von Oesterreich und fast alle andern Häupter der Kreuzfahrer hatten dem wiedergenesenen Richard in den ersten Tagen, wo er das Siechlager verlassen, ihren unwandelbaren Entschluß, mit ihren Völkern Palästina zu verlassen, melden lassen. Richard sah sich allein mit seinen Engländern, und es ahnte ihm, daß er einen großen Theil der Schuld trage, wenn der jetzige Kreuzzug ohne allen Erfolg bleibe. Vielleicht zum Erstenmale in seinem Leben beschloß er seinen stolzen Sinn herabzustimmen, zur Milde und Versöhnung die Hand zu bieten, ja selbst sich zu bemüthigen. Er ließ deßhalb sämmt-

liche Anführer des Kreuzzuges zu einer wichtigen Unter=
redung ein.

Das Pavillon der Rathsversammlung war ein wei=
tes Zelt, vor welchem ·das große Panier des Kreuzes
aufgepflanzt stand, auf dem eine knieende Jungfrau mit
aufgelöstem Haar und ungeordneten Gewande abgebildet
war, wodurch die verlassene und bedrängte Kirche von
Jerusalem vorgestellt werden sollte. Als Motto las man
bee Worte: „afflictae sponsae ne obliviscaris" (vergiß
nicht der bedrängten Braut). Sorgfältig gewählte Wächter
ließen Niemand in die Nähe dieses Zeltes kommen, da=
mit die Streitigkeiten, welche manchmal einen lauten,
stürmischen Charakter annahmen, nicht Ohren erreichen
möchten, für die sie nicht bestimmt waren.

Hier nun waren eines Tages die Fürsten des Kreuz=
zuges versammelt, Richards Ankunft erwartend, der sie
beschieden. Wie es bei derartigen Fällen geschieht, so
regte sich die Zunge der Feinde lebhaft gegen den ab=
wesenden König. Man setzte mehrere Erzählungen von
seinem Stolze und ungebührlichen Ansprüchen auf Vor=
rang in Umlauf, und selbst die kurze Verzögerung, die
durch sein Ausbleiben verursacht wurde, mußte als Beleg
hievon dienen. Sie suchten einander in ihrer schlimmen
Meinung zu bestärken, und rächten die Beleidigung, die
jeder erlitten hatte, indem sie die ernsthaftesten Schlüsse
auf die geringfügigsten Umstände bauten; und doch floß
vielleicht alles dieß nur aus dem Bewußtsein einer un=
willkürlichen Ehrsucht gegen den König von England,
zu deren Unterdrückung mehr als gewöhnliche Anstren=
gungen erfordert wurden.

Sie hatten daher beschlossen, ihn bei seinem Ein=
tritte gleichgültig und mit nicht größerer Ehrerbietung
zu empfangen, als gerade nöthig war, um innerhalb der
Grenzen eines strengen Ceremoniells zu bleiben. Allein
als Richard Löwenherz in einfachem Gewande zu ihnen
eintrat, als sie jene edle Gestalt, jenes fürstliche Antlitz,
auf dem noch ein Anflug von Blässe von der erlittenen
Krankheit ruhte — das Auge, das von den Minnesängern

der Stern der Schlacht und des Sieges genannt wurde, erblickten — als seine Thaten, die alle menschliche Kraft und Stärke überstiegen, sich ihrer Erinnerung aufbrängten, standen sie auf — selbst der eifersüchtige König von Frankreich und der tiefgekränkte Herzog von Oesterreich standen einmüthig auf, und die versammelten Fürsten brachen einstimmig in den Ruf aus: „Gott erhalte König Richard von England! Lang lebe der tapfere Löwenherz!“

Mit einem Angesicht, so frei und offen wie die aufgehende Maisonne, theilte Richard ringsumher seinen Dank aus, und wünschte sich Glück dazu, daß er sich wieder unter seinen königlichen Kreuzfahrern befände. Dann bat er um das Wort und begann, während tiefe Stille herrschte:

„Fürsten und Herren des Kreuzes, es ist heute ein hoher Festtag der Kirche, und wohl geziemt es christlichen Männern, sich mit ihren Brüdern zu versöhnen und die Hand zum Frieden zu bieten. Richard von England ist ein Krieger, rauh ist seine Zunge wie die Hand, welche wohl das Schwert zu führen versteht, aber nicht schmeichelnde Töne den Saiten der Laute zu entlocken weiß. Wohl manchen von Euch hat ein rasches Wort, das seinem Munde entschlüpfte, ihm zum Feinde gemacht. Aber vergeßt nicht wegen Plantagenets *) voreiligen Reden die heilige Sache, die uns unter das Panier führte, das in reichen Falten über uns weht, vergeßt nicht, daß wir Streiter Gottes sind und die ganze Christenheit ihre Augen auf uns richtet. Richard hat all' den Glanz seiner Majestät abgeworfen und steht im schlichten Gewande vor Euch, ein Bittender, der Euch, seine Brüder, um Verzeihung fleht. Nicht mehr an Eurer Spitze will ich stehen, es übernehme ein Anderer den Oberbefehl, den Ihr mir freiwillig übertrugt. Gebt mir ein Schwert und eine Lanze und stellt mich in die Reihen der Knechte, dahin, wo es am gefährlichsten zugeht, und ich will fechten für Euch und die Ehre unsrer heiligen Kirche. Aber

---

*) Richards Familienname.

zerreißt nicht das schöne Band, das uns zusammenhält zum Ganzen; kehrt nicht zurück, ehe unsre Fahne auf den Mauern von Jerusalem weht. Werft nicht irdischen Ruhm und ewige Seligkeit, die, wenn je irgendwo, hier hätte gewonnen werden können, beßwegen weg, weil die Handlung eines Mannes heftig und seine Sprache so hart gewesen sein mochte, als das Eisen, das er von Kindheit auf trug. Hat sich Richard gegen irgend einen von Euch vergangen, so wird er ihm durch Wort und Handlung Genugthuung verschaffen. Hier meine Hand, schlagt ein, wessen Herz für Gott und Ehre schlägt, und wer den alten Groll vergessen will gegen Richard seinen Bruder!"

Ein lauter Beifallssturm folgte dieser Rede und Alle reichten Richard die Rechte als Zeichen der Versöhnung.

Als wieder Ruhe eingetreten war, erhob sich aber Philipp von Frankreich und sprach würdevoll:

„Wir danken der Majestät von England für die brüderlichen Worte, die sie an uns richtete, und versichern unserm Bruder die herzliche Freundschaft, die unser Herz stets für ihn hegte. Nicht durfte Englands König als ein Bittender vor seines Gleichen stehen, denn wenn auch vielleicht sein Mund hie und da ein bittres Wort über einen oder den andern von uns aussprach, so ist das bereits von uns vergeben, wie es wahren Streitern des Kreuzes geziemt. Nicht Beleidigungen sind es, welche Mehrere von uns bestimmten, von der Eroberung des heiligen Landes abzustehen. Ein guter Hausvater sorgt zuerst für das Wohl der Seinigen, und gibt nicht dem Fremden sein Brod, wenn die ihm Angehörigen darben. Das Wohl unserer Unterthanen fordert die Anwesenheit des Herrschers, wir müssen den weltlichen und himmlischen Ruhm aufopfern, um für das Wohl der Völker zu wachen, die uns der Herr anvertraute. Freuen soll es uns, gelingt es dem königlichen Löwenherz durch seinen Heldenmuth das heilige Grab zu gewinnen, und wir erkennen ihn gern für den Ersten unter uns an, meldet er uns, daß ihm das schöne Werk gelungen. Leset hier, mein königlicher Bruder, was Saladin uns für Bedingungen stellt; sie sind edel, wie Alles, was wir bis jetzt von dem Sultan vernommen."

Richard überflog schnell das Schreiben, dann aber erwiederte er haftig, während die Röthe des Zornes schon auf seiner Stirn glühte:

„Und ihr wollt also diese Bedingungen annehmen und das Grab des Erlösers den Ungläubigen überlassen?"

„Wir wollen es, weil wir müssen," sprach der König von Frankreich, „da wir nicht mehr mit dem Schwerte günstigere Bedingungen erkämpfen können. Wer von den Fürsten, die um mich stehen, der gleichen Meinung ist, der hebe seine Hand empor!"

Und Alle streckten die Rechte in die Höhe, außer Richard, dessen Zorn jetzt gewaltig ausbrach. Im ersten Augenblicke versagte ihm die Zunge den Dienst, aber seine Brust hob sich im Kampfe seines Innern, und das Auge maß flammend die Versammlung.

„Nun wohlan," donnerte endlich seine Stimme, „gehet hin, ich habe das Meine gethan. Kehret zurück in Eure Länder, wohin Euch das Heimweh gleich schwachen Mädchen zieht, und prahlet mit den Thaten, die Ihr hättet verrichten sollen. O, es ist herrlich, einzig, wie das Erhabene mit Füßen getreten wird. Dieser Kreuzzug wird ein Gespött der Buben und Schalksnarren sein, und Ihr werdet am Tage Euer Gesicht verhüllen müssen, damit die Leute nicht mit Fingern auf Euch weisen und sagen: Der war in Palästina." Unsere Heere sind vollzählig, wir leiden an nichts Mangel und doch muß das Werk unterbleiben, was dem geringsten Knecht, der dabei fällt, Stufen in den Himmel baut. Sagt Richard von England nicht, daß Ihr zurückkehren müßt in die Heimath, denn bei Gott, es ist eine Lüge, wie je eine erdacht wurde. Euer Land, König von Frankreich, ist ruhig, Ihr habt Minister, die Eure Stelle vertreten, und das Eure, Oesterreich, ist bestens regiert, wenn Ihr auch nicht da seib. O Richard möchte blutige Thränen weinen, daß es so gekommen, er möchte wünschen, er sei erschlagen worden in einer von den tausend Gefahren, in die er sich an Eurer Spitze wagte. Hatte ich beleidigt, warum trat nicht Einer vor mich und warf mir seinen Handschuh vor die Füße, warum sprach er nicht: Du hast mich beleidigt und ich will Genugthuung. Bei Gott, ich hätte mein Leben an das eines Stegreifritters gesetzt, damit entschieden werde, wem das Recht gehört. Nein, das thatet Ihr aber nicht, während der Löwe an das Schmerzenslager gebannt war, tratet Ihr zusammen und klagtet wie Schulknaben einander das erlittene Unrecht, spracht, wir wollen gehen, weil er uns beleidigt. An Gott, Ehre und unsterblichen Ruhm dachtet Ihr aber nicht, den Heiland, der sich auch für Euch opferte, Ihr Hochgebornen Herren, den vergaßt Ihr wegen einiger unbesonnener Worte. Und noch einmal, zieht hin, Verblendete, ich aber will bleiben mit meinen Völkern, damit die Welt doch sagen kann, es war Ein Mann unter den vielen Fürsten. Ich will die Mauern der Gottesstadt ersteigen mit der Fahne des Kreuzes, und wenn ich am heiligen Grabe kniee und mein Haupt in den Staub beuge, dann schlagt an Eure Brust und ruft: „Gott sei uns Sündern gnädig, denn wir haben gesündigt durch das Aufgeben des heiligsten Unternehmens."

Nach diesen Worten stürmte der König aus dem Zelte, die Zurückbleibenden aber tobten über seine Rede, die er schnell und mit einer Majestät gesprochen, daß Keiner ihn zu unterbrechen wagte.

Diese Zusammenkunft sprengte das ohnehin lockere Band vollkommen, und das Blut vieler Tausende war wieder nutzlos vergossen worden.

Vierzehntes Kapitel.

Die Taufe.

In festlichem Glanze strahlte die schöne Kapelle zu Engabdi. Eine wichtige Feier sollte hier begangen werden — die Taufe Ruharebbins. Der Erzbischof von Tyrus, der sich im Lager der Kreuzfahrer befand, hatte es übernommen, die heilige Handlung zu verrichten. Der Anblick, den heute die Kapelle bot, wirkte erhebend auf Geist und Herz. Das herrliche Licht der vielen Lampen, der Reichthum und eble Styl der Halle, und der Duft des Weihrauchs, welcher in dichten Wolken emporstieg, befingen die Sinne mit wunderbarer Gewalt. Rings an den Wänden standen fast sämmtliche Templer in ihrer Ordenstracht, dem weißen Mantel mit blutrothem Kreuze. Ernste, heilige Gesänge tönten von ihren Lippen, während der Erzbischof, umgeben von seinen Priestern am Altare, die heiligen Gebräuche der Kirche verrichtete.

In dem Gemache dicht neben der Kapelle weilte Theodorich, der Comthur von Aarstein, der Großmeister, Abelmar, Ruharebbin und der getreue Leuthard. Wie wäre es meiner Feder möglich, die Seligkeit zu schildern, die Abelmar empfand, als er an der Brust des Vaters ruhte, wie könnte ich das Entzücken malen, als er seinen Ruharebbin das erste Mal als Bruder umarmte.

Theodorich und Ruharebbin trugen heut das Kleid der dienenden Brüder des Tempelordens. Beide wollten mit Abelmar leben und sterben, der das ewig bindende Gelübbe schon abgelegt hatte.

Mit stiller, wehmuthvoller Freude blickte der Comthur auf die Drei: „Des Herrn Wille geschehe," sprach er ernst, „wir sind jetzt Alle vereint, ihm zu dienen mit unserm Blute zur Verherrlichung seines Namens. Aber doch durchschneidet mir es das Herz, daß der alte Stamm der Aarstein mit uns verdorrt, und nicht mehr fröhliche

Blüthen und Blumen im deutschen Vaterlande treiben
wird. Wenn der Herold an dem Grabe des Einen oder
des Andern von uns steht, und unsern Wappenschild
bricht über dem engen Hause, das unsere Hülle um=
schließt, dann fällt ein Zweig des edlen Baumes — und
wer wird der Letzte von uns sein? — Vergebet mir
doch," fuhr er fort, als er sah, daß tiefer Schmerz sich
in den Augen der Seinigen malte, und der greise Bru=
der Thränen aus dem Auge wischte, — o ich weiß,
daß es sich nicht schicken will, wenn ich an dem Freuden=
tage, der unsern Nuharebbin zum Christen macht, Euch
Bittres, wie ein Leichentuch vorhalte. Aber es quälte
und drückte mich im Herzen, ich mußte sprechen, mußte
Euch mittheilen, was wie eine düstre Wolke mir durch
die Seele zog."

„Nun wohl, mein Oheim," sprach Abelmar, „geht
auch das Geschlecht der Aarstein mit uns unter, so kann
doch die Welt nicht sagen, es war ein unedel Geschlecht,
das mit uns von der Erde schwindet. Haben wir dem
heiligen Glauben durch unser Wirken genützt, dann mag
der Herr im Himmel unser Stündlein schlagen lassen,
wenn es seine Weißheit für gut findet, und wir werden
im Gedächtniß der Nachwelt nicht untergehen. Reicht
mir Eure Hände in dieser heiligen Stunde, wir wollen
fest an einander halten, bis uns der Tod früher oder
später trennen wird." „Amen, Amen," sprachen Alle,
„es geschehe, wie Gott will."

Wie ist doch des Menschen Herz so wunderbar und
wer mag seine Tiefe ergründen. Du warst, mein lieber
Leser, gewiß schon oft auch bei frohen Festen, wo Du
meintest, Du müssest heiter sein mit den Fröhlichen. Aber
Dein Herz stimmte nicht mit ein in die allgemeine Freude,
Deine Seele war wehmüthig gestimmt, und das Antlitz
ernst, denn dieses ist der Spiegel des Innern. Du
hattest keine Ursache, nicht fröhlich zu sein, Niemand be=
trübte oder beleidigte Dich, und doch warst Du traurig!
Siehe, das ist das innere Leben Deiner Seele, was
Du nicht zu lenken vermagst, nach Deinem Gutdünken,

Solche Zustände prüfe wohl, und zwinge Dich nicht, den heiligen Ernst zu verscheuchen um weltlicher Lust willen, sondern gehe allein in Dein Kämmerlein, oder wandle einsam im grünen Walde und durch die blumige Flur, und prüfe Dich so recht, als stündest Du vor dem Stuhle des Richters. Und wahrlich, Du wirst Segen aus der Prüfung Deines Innern ziehen.

Eine tiefe Stille herrschte in der Kapelle, als Nuharebbin an der Hand des Vaters und des Bruders in dieselbe eintrat. Innige Seligkeit sprach aus den Augen des Jünglings, heilige Schauer durchbebten sein Gebein, als er sah, der längst ersehnte Augenblick der Taufe sei gekommen. —

Wie fühlt sich der Mensch so erhaben, so entbunden alles Irdischen, steht er mit reinem Herzen im Tempel Gottes, um zu beten und zu lobsingen. Der glänzendste Pallast, das Prunkgemach, was Macht und Reichthum sich errichtet, sie können den Eindruck nicht hervorbringen, wie die einfachste Kapelle, die dem Dienste Gottes geweiht. Ob Du weilst in dem hohen Dome, wo Tausende von Gläubigen neben stolzen Marmorsäulen knieen, wo Bildsäulen und Bilder die Wände schmücken, und um die goldflimmernden Altäre der Priester geweihte Schaar im Weihrauchdufte ihres heiligen Amtes pflegt, oder ob Du betest im schlichten Dorfkirchlein mit einfachen weißen Mauern und wenigem Schmucke, Du fühlst, daß Du auf anderm Boden stehst, daß die Heiligkeit Gottes in dem Hause waltet.

Nuharebbin stand heute zum Erstenmale in der prächtigen Kapelle, welche Theodorich in der Wildniß geschaffen, und deren Anblick der Vater ihm bis jetzt vorenthalten. Er sah den ehrwürdigen Erzbischof am Altare, die Reihen der Templer in ehrfurchtsvollem Schweigen, und sein Herz pochte in tiefer Ahnung. Und als der Erzbischof sich zur Versammlung wendete, die Weihrede zu halten, da sanken Alle auf die Kniee. In rührenden Worten sprach der Kirchenfürst zu ihnen, und zeigte die allliebende Gnade Gottes in allen Lebensführungen. Er berührte das seltsame Zusammentreffen der beiden Brüder, deren Wiegen tausende von Meilen von einander entfernt standen, und die sich das Erstemal sahen, als Feinde mit gezückter Waffe. Ruharebbin fällt unter der Hand des Bruders schwer verwundet aber durch Gottes Gnade wird er geheilt, und zu dem sich selbst unbewußten unwiderstehlichen Zuge der Natur, gesellt sich die feurigste Dankbarkeit in dem Herzen des Ungläubigen. Die Brüder ziehen nach Engabbi und finden den Vater, der die schwere Fehl, die er begangen, sühnt durch harte Büßungen, er weiht den Sohn ein in die heilige Lehre, die dieser jetzt bekräftigt durch das Sakrament der Taufe.

In den Augen aller Anwesenden standen Thränen, als der Priester zur heiligen Handlung schritt, und den Jüngling fragte: „Glaubst Du an Gott den Vater — an Jesus Christus, seinen eingebornen Sohn?" als Ruharebbin mit lautem Ja antwortete, und versprach, Gott über Alles zu lieben und seinen Nächsten als sich selbst. Und welche Gefühle durchbebten das Herz des Täuflings, als das geweihte Wasser über seine Locken rollte und es erklang: „Ich taufe Dich im Namen des Vaters, des Sohnes und des heiligen Geistes, und Du sollst Johannes heißen."

Du bist ein Christ, klangen die Stimmen seines Innern, du bist aufgenommen in die Zahl der Auserwählten. Und es war dem Jüngling, als dehnten sich die Mauern des Tempels immer weiter und weiter, die Decke verschwämme in goldenem Glanze, und die Taube des Friedens schwebe, wie einst am Jordan über ihm. Und der Glanz wogte durcheinander und verdichtete sich zu Wolken, aus denen Engelsköpfe auf- und niedertauchten. Ueber Allen aber thronte Zebaoth, der Herr der Welt, mit dem eingebornen Sohne, um den die Heiligen sich schaarten. Eine süße Ohnmacht befiel den glücklichen Johannes, er sank in die Arme der Seinigen! Als aber seine Sinne wieder hell wurden und der Erzbischof ihn nochmals gesegnet hatte, da stürzte er in

die Arme der Theuren, die ihn umstanden. Und an die
Stufen des Altars trat der Erzbischof nochmals und
sprach würdevoll:

„Wendelin, Graf von Aarstein, dienender Bruder im
Ritterorden des heiligen Erlösers, vernimm, was ich zu
Dir rede: Im Namen Seiner Heiligkeit des Papstes ver-
künde ich Dir, Kraft der Gewalt, die lösen und binden
kann auf Erden, daß Dir Deine Schuld vergeben und
Du fleckenlos wieder eintrittst in die Gemeinschaft der
Christen. Wir haben vernommen, daß Du hart gesün-
digt, aber der Herr der Heerschaaren will nicht den Tod
des Sünders, wohl aber, daß er sich bekehre und lebe.
Und Du hast Dich bekehrt, Du hast gebüßt in düsterer
Einsamkeit und hast den Christen in Palästina unendlich
Gutes gethan. Und an dem Throne des Statthalters
Gottes haben Stimmen für Dich gefleht, siehe, die Arme
der Kirche haben sich auf's Neue für Dich geöffnet. Auch
Dein greises Haupt netze noch einmal das Wasser der
Reinigung, denn auch Du bist neu geboren."

Sprachlos vor Entzücken sanken der Greis in die
Kniee und erhob sich entsühnt von schwerer Schuld.

Als aber alle Andächtigen die schöne Kapelle verlassen hatten und Theodorich sich allein mit seinem Bruder und den beiden Söhnen befand, da schlang er begeistert die Arme um die Nacken seiner Kinder und sprach:
„Geliebte meines Herzens, es ist heute der erhabenste,
feierlichste Tag meines Lebens, an dem die Gnade Gottes
sichtbarlich über mir gewaltet. Seht, als ich so an den
Stufen des Altars stand und ich meinen Johannes aufnehmen sah in die Gemeinschaft der Christen, da regte
sich in meinem Innern eine Stimme, die sprach zu mir:
„Willst Du in dieser heiligen Stunde nichts geloben dem
Herrn des Himmels, der Dir diese Seligkeit bereitet?"
Und da habe ich mit festem Willen das Gelübde gethan,
im Pilgergewande zu ziehen nach Jerusalem, der heiligen
Stadt, und am Grabe des Heilandes zu beten und zu
lobsingen für die mir widerfahrene Gnade. Darum will
ich, ehe die Sonne dreimal sinkt, meine Lenden gürten

und mit Muſchelhut und Stab nach Jeruſalem pilgern.
„Und wir, wir wollen Dich begleiten auf Deiner Wall=
fahrt," riefen begeiſtert die beiden Jünglinge, „wir wollen
Deine Schritte unterſtützen durch den heißen Sand der
Wüſte, wir wollen für Dich wachen, wenn Du ſchlum=
merſt, nimm uns mit Dir, theurer Vater!" „Warum
ſollte ich nicht," erwiederte Theoborich, „wenn Euere
Obern es erlauben, denn Ihr wißt, daß wir das Gelübde
des Gehorſams abgelegt haben und ohne Erlaubniß des
Großmeiſters das Lager nicht verlaſſen dürfen."

Den andern Tag ſuchten die drei Verwandten bei
dem Großmeiſter die Erlaubniß zu ihrer Pilgerfahrt nach.
Sie ward ihnen bewilligt und mit großem Eifer berei=
teten ſie ſich auf das heilige Unternehmen vor. Unum=
gänglich nothwendig war ihnen zu ihrer Reiſe ein Ge=
leitsbrief Saladins, denn die Wüſte war wie immer ſehr
unſicher zur damaligen Zeit, vor dem Namenszuge des
Sultans beugte ſich aber der kühnſte Räuber; — daß
es Adelmar leicht ward, ein Schreiben von ſeinem mäch=
tigen Freunde zu erhalten, läßt ſich leicht denken. Durch
Faſten und Beten bereiteten ſich die Pilger bis zum feſt=
geſetzten Tage vor, und wir folgen ihnen durch Palä=
ſtina's glühenden Boden bis zu dem Punkte, welcher der
heiligſte iſt auf Erden.

Fünfzehntes Kapitel.

Die Pilgerfahrt.

Ein ſchwacher, rother Streif am fernen Horizonte
verkündete kaum das erſte Erwachen der Sonne, als ſich
Theoborich und die Seinen erhoben zu ihrer heiligen Reiſe.
Im braunen Pilgergewande, mit Stab und Muſchel=
hute, traten ſie vor die Thüre ihres Zeltes, und ihr

Erstes war, auf den Knieen Gott um seinen allmächtigen Segen zu ihrem wichtigen Unternehmen zu bitten. Dann aber schritten sie rüstig durch die langen Zeltreihen, und bald sahen sie nur noch von Ferne des Lagers stattliche Masse. Ihr Weg zog sich im Anfange durch steinigten, nur hie und da durch ein niederes Gebüsch dürftig geschmückten Boden. Die kahlen unfruchtbaren Berge Judäa's tauchten mit ihren nackten Gipfeln im Hintergrunde empor, kurz, der ganze Anblick der Gegend war öde und traurig und äußerst mühsam für den Wanderer. Schon stand die Sonne hoch am Himmel, und die Luft glühte von den heißen Strahlen, die durch den ausgedorrten Boden doppelte Kraft erhielten, als Theodorich und die Seinen in der Entfernung eine Gruppe von Palmen gewahrten und freudig überrascht in dem Schatten derselben ein Obdach zu finden, darauf zuschritten. Mit einem Male rief Abelmar mit heiterem Muthe: „Kennst Du wohl, mein Johannes, diese Palmbäume und den grünen Rasen, der dort vor uns auftaucht?" „Beim Himmel," antwortete der Bruder, „es ist ja der „Diamant der Wüste," den wir erblicken; gedenkst Du noch daran, Abelmar, als wir uns dort, Kampflust in den Augen, gegenüber standen? und siehe, jetzt schreiten wir Arm in Arm als Brüder nach ihm hin, wie wunderbar leitet Gott unser Schicksal."

Noch rieselte wie früher die Quelle in ihrer gemauerten Halle, noch schwankten die langen grünen Blätter der Palmen, wie einst, da Abelmar und seine Gefährten von dem Bruder angegriffen wurden, als die drei Pilger dort anlangten. Müde und erschöpft legten sie sich hart an den Rand des kühlenden Wassers und stärkten die verlornen Kräfte durch einen frischen Trunk und Speise, welche sie mit sich trugen. Als aber ihr einfaches Mahl beendet, streckte sich Theodorich in den blumigten Rasen und schloß die Augen zum kurzen Schlummer, um sich von den Beschwerlichkeiten des Weges, die sein von Alter und Entsagung tiefgebeugter Körper nur zu sehr fühlte, zu erholen. Abelmar und Johannes aber

6*

wachten getreulich neben dem geliebten Vater und flüster=
ten nur leise mit einander, um ihn nicht zu erwecken.
Verlassen wir jetzt die Pilger am Brunnen und wenden
wir uns zu einer anderen Scene, die unfern der lieb=
lichen Oase sich ereignet.

Kaum eine halbe Tagreise von dem genannten Orte,
hart an dem Fuße eines steil aus der Ebene sich erheben=
den Felsens, hatten sich am Morgen desselben Tages
um ein großes rothleinenes Zelt, das, wie alle Nomaden=
zelte der Morgenländer, eben so leicht aufgeschlagen, als
abgebrochen werden konnte, eine Anzahl Saracenen ge=
lagert. Der große hervorspringende Rand des Zeltdaches
diente Mehreren von ihnen einigermaßen zum Schutze
gegen die Sonnenstrahlen, während der größte Theil sich
in einer ziemlich geräumigen Felshöhle aufhielt, und hier
an einem roh gehauenen Steintroge, der das Wasser einer
Felsquelle auffing, die Pferde tränkte. In dem großen
Zelte lagerte auf am Boden ausgebreiteten Kissen Sa=
ladin und lauschte nebst seinem Gefolge den Erzählungen
seines Märchenerzählers, der ihn gewöhnlich begleitete.
Es ist eine Lieblingsunterhaltung der Orientalen, sich an
Märchen, aus lauter Zaubereien, Schilderungen kriege=
rischer Thaten und zahlreichen Stellen der arabischen und
persischen Poesie zusammengesetzt, zu unterhalten. Noch
jetzt herrscht diese Sitte bei den Türken, und der fremde
Wanderer staunt, wenn er die gravitätischen, ernsten
Männer jenes Volkes oft ausgelassen lachen und schreien
hört über die wunderbaren Sachen, welche ihnen der
Märchenerzähler in den Kaffeehäusern vorträgt.

Hassan Ben Daout, Saladins Erzähler, war eben
an die interessanteste Stelle seiner wunderbaren Geschichte
gekommen, und in der größten Spannung lauschten seine
Zuhörer, als plötzlich rascher Hufschlag vor dem Zelte
ertönte.

„Schweig, Hassan,“ rief Saladin, indem er schnell
von seinem Lager aufsprang, „wir wollen das Ende
Deiner schönen Erzählung ein ander Mal hören. Es

ist Zohrab, den ich auf Kundschaft aussandte und der jetzt zurückkommt. Laßt ihn eintreten."

In dem Augenblicke trat der Genannte, ein geor=gischer Sklave, schon ein, und sich seinem Gebieter zu Füßen werfend, sprach er: „Herr, Dein Knecht Zohrab durchstreifte nach Deinem Willen das weite Sandmeer, und die Du suchest, sie sitzen unter den Palmen an der Quelle Mizra, welche Dein glorreicher Vorfahr aus dem Mark der Erde entlockte. „Allah sei gelobt," rief Sa=ladin, „auf, brecht das Zelt ab, zäumt die Rosse und macht Euch zur Weiterreise fertig." Im Nu regten sich alle Hände und in unglaublich kurzer Zeit hielt Saladin an der Spitze der Seinen und sprengte über die Fläche.

Erstarkt von erquickendem Schlafe öffnete Theodorich die Augen und umarmte herzlich seine beiden Söhne, da rief plötzlich Johannes, dessen Falkenauge weit umher schweifte: „Schau, Vater, den blitzenden Punkt, der sich aus der Ferne auf uns zu bewegt, es sind Krieger, deren Waffen so hell erglänzen." „Laß sie kommen," sprach ruhig Theodorich, „haben wir doch Saladins Schreiben bei uns, und sind es Christen, so sind es ja Freunde, deren Anblick uns erquicken wird in der Einöde."

Wie eine Windsbraut nahte sich jetzt der Reiterhaufe und jagte unter gellendem Geschrei gerade auf die Pilger zu. „Täuscht mich nicht mein Auge," sprach freudig Adelmar, „so ist das Saladin, der uns entgegenkommt; es hat mir fast geahnt, daß er uns aufsuchen würde, da er unweit von hier jetzt sein Lager hat." „Wohl ist er's," erwiderte Theodorich, „schon erkenne ich ihn mit meinem schwachen Gesicht, denn wer ihn einmal gesehen, vergißt ihn nie mehr."

„Sei mir willkommen, weiser Einsiedler, sowie auch Du Adelmar nebst Deinem Bruder," rief Saladin, indem er von dem schnaubenden Renner sprang. „Ich konnte Euch nicht vorüber ziehen lassen, ohne Euch noch einmal gesehen zu haben. Denn was sagt der Prophet: „Der Anblick eines Freundes gleicht dem Maimorgen, er ist lieblich und erquickend und öffnet das Herz mit Zauber=

macht." Die drei Pilger erwiederten von Herzen den Gruß des edlen Sultans, doch konnten sie fast eine gewisse Verlegenheit nicht bergen, wenn sie an Johannes dachten. Es war natürlich, daß weder Theodorich, noch Adelmar dem Sultan von dem wiedergefundenen Sohne und Bruder gesprochen hatten, der Saladin, wenigstens dem Namen nach, als tapferer Krieger bekannt sein mußte, und dessen Glaubensänderung, sowie sein Verhältniß zu Theodorich und Adelmar ihm nicht enthüllt werden konnte. Beim Nachsuchen eines Geleitsbriefes hatte daher Adelmar ihm nur angezeigt, daß er diesen für den Einsiedler Theodorich und für sich und seinen Bruder Johannes wünsche. Daß Saladin von der Gefangennehmung des Letzteren Kunde hatte, ließ sich nicht wohl denken, da keiner von dessen Leuten aus dem Kampfe an der Quelle entronnen, sondern Alle, die nicht gefallen waren, sich noch in den Händen der Kreuzfahrer befanden.

Saladin war zu heiter gestimmt, als daß er die unwillkürliche Verlegenheit der Pilger bemerkte. Er lud dieselben freundlich ein, noch kurze Zeit an dem lieblichen Aufenthaltsorte zu verweilen und sein Betragen war eben so ehrfurchtsvoll gegen Theodorich, als freundschaftlich gegen seinen Lebensretter Adelmar und dessen Bruder.

„In der That, ehrwürdiger Vater," begann der Sultan, „Du hast zwei treue Gefährten auf Deiner Wallfahrt, und nur in ihrer Gesellschaft konntest Du es wagen, die Wüste zu durchschneiden, da Dein Alter des Schutzes und der Stütze bedarf. Ich glaube Dir übrigens einen Dienst zu erweisen, wenn ich einen Theil meines Gefolges Dich geleiten lasse bis an's Ziel Deines Weges."

„Nimm unsern Dank, edler Saladin," erwiederte Theodorich, „der Pilger, welcher zum Grabe seines Heilandes zieht, muß allem Ungemach trotzen zu Ehren dessen, der eine Dornenkrone auf dem Haupte trug, und unter der Last seines Kreuzes niedersank, als sie ihn nach Golgatha führten. Unser Schutz und unser Hort ist Gott,

der Herr der Welt, und ohne seinen Willen wird uns
kein Haar gekrümmt auf unserm heiligen Wege."

„Es geschehe, wie Du willst," erwiederte Saladin,
nimm meinen Vorschlag als einen Beweis meiner Ach=
tung gegen Dich an."

Schon begann sich der Tag zu neigen, als die Pil=
ger noch immer an Saladins Seite saßen; da aber ge=
dachte Theodorich doch seinen Weg fortzusetzen, denn noch
lag ein großer Raum zwischen der heiligen Stadt und
dem Orte, an dem er weilte. Er erhob sich daher schnell,
griff nach Stab und Hut und reichte dem Sultan die
Hand zum Abschiede.

„Wohlan," sprach dieser, „so zieht denn hin, Allah
möge Euch geleiten auf Eurer Bahn. In kurzer Zeit
beginnt der alte Kampf zwischen Kreuz und dem Halb=
mond auf's Neue. Du Abelmar und Dein Bruder,
Ihr werdet Eurem Freunde gewaffnet wieder gegenüber
stehen und mein Volk wird unter Eurem Schwerte blu=
ten, wie die Christen unter dem meinigen. Das Schick=
sal, welches des Mannes Thaten beherrscht, es wird
zwischen uns entscheiden; Allah gebe, daß der Tod der
Tausende, die für ihren Glauben fallen, unsern Nach=
kommen zum Segen gereiche. Lebt wohl und gedenkt,
daß in dem Herzen des Sultans von Palästina stets ein
Platz Euch gehört."

Mit diesen Worten schied Saladin, und Theodorich
zog mit den Seinen weiter gegen Jerusalem zum Grabe
des Herrn.

Sechzehntes Kapitel.

Jerusalem.

Unweit der heiligen Stadt Jerusalem erhebt der
Oelberg sein Haupt über alle Hügel der ganzen Umge=

bung. Zur Zeit, in welche unsere Erzählung fällt, bot
der ganze Berg ein trauriges Bild der Zerstörung und
Vernichtung. Nur hie und da erhob ein Oelberg seine
grünen Zweige, aber nur dürftig war sein Wuchs; die
stolzen Bäume, deren Wipfel sich einst in hoher Luft
wiegten, waren gefallen durch die Geißel des Krieges,
welche die Orte, wo einst der Heiland wandelte, so oft
heimgesucht hatte. Von der Spitze des Oelberges über-
blickt das Auge die ganze heilige Stadt; des Pilgers
Herz schwillt von unendlicher Wonne, wenn er nach
langer, beschwerlicher Wanderung, nach tausend Gefahren
und Entsagungen Jerusalem, die Stadt des Herrn, den
von Millionen Zungen gefeierten Ort, vor sich sieht. Er
ist das Ziel, das im fernen Vaterlande seine Seele um-
schwebte, das im Wachen und Träumen vor seinem Geiste
stand, und jetzt — eine Thräne perlt aus seinem Auge,
Schmerz und Himmelsseligkeit streiten in seinem Innern
— da liegt die Gottesstadt — ein weiter Trümmer-
haufen; umgestürzte Säulen und zerstörte Paläste sperren
die Straßen, einzeln stehende Wände von Epheu um-
flochten, heben sich aus dem weiten Grabe; sie ist ent-
flohen die alte Herrlichkeit! Aber welcher Ort auf Erden
dürfte sich messen mit jenen Trümmern? Der Pilgrim,
welcher die Welt durchmessen könnte vom Aufgang bis
zum Niedergange, der die eisgekrönten Häupter der Berge
erkletterte, oder im tobenden Sturme auf des Weltmeers
empörten Fluthen Gottes Allmacht erblickte — hier kniet
er nieder — hier ist jeder Stein heilig.

Der Sonne letzte Strahlen verklärten mit Purpur-
licht Palästina's Gefilde. — Auf des Oelbergs Höhe
weilte Theodorich mit den Seinen. Die drei Pilger
neigten das Haupt bis in den Staub, ihr Mund fand
kein Wort, für die Gefühle, die sie empfanden; aber das
Auge schwelgte im Anschauen der heiligsten Orte. Am
Fuße des Oelberges erblickten sie den Garten des Oelberges mit der Stätte von Gethsemane, die Kapelle des
Grabes der heiligen Jungfrau; dort Zion, einen Hügel
von gelblichem öbem Ansehen, worauf einst das Haus

des Kaiphas; die Trümmer des Hauses, wo der Herr das Abendmahl einsetzte, und Davids Palast, eine große Ruine; südlich daneben, im tiefen Thale Ben Hinnon, wo die Quelle Siloa, die einzige Quelle der Stadt, entspringt, den Blutacker und die Gräber der Könige; innerhalb der Stadt die Schmerzensstraße (Via dolorosa), auf welcher Jesus den Weg zum Tode ging, eine 500 Schritt lange Gasse vom Hause des Pilatus, einer Ruine bis zur Kirche des heiligen Grabes, die, als hätte eine höhere Hand sie geschützt, sich aus der Zerstörung erhob.

Wie einst Moses auf dem Berge in Peräa das Erbe der Verheißung mit verklärtem Auge schaute, so war Theodorich in den Anblick Jerusalems versunken. Mit lebendigen Worten dankte er Gott für das Heil, das ihm und den Seinen widerfahren. Nach langen Tagen der Reue und Sühne am Ende eines vielbewegten, durch große Verdienste und Fehler ausgezeichneten Lebens war er zu der gefeierten Stätte gelangt, auf der er kniete. Eine geheime Ahnung sagte ihm, er stehe an dem Punkte, wo der Erdenpilger ausruft: „Es ist vollbracht." Er fühlte, daß der Augenblick wohl nicht nicht mehr fern sei, wo seine Seele die irdischen Banden verlassen und aufschweben würde in jene Welt, wo unter dem Auge des Allvaters über den Sternen die Zeit in das Meer der Ewigkeit versinkt. Gleich den Saiten der Harfe, durch welche der Hauch des Abendwindes zieht, und die verklingen in wehmüthigen, Mark und Herz durchdringenden Accorden, so war das Innere des Greises bewegt von den Eindrücken, die es empfing und die lang nachhallten im harmonischen Zusammenklange.

Theodorich schlang die Arme um Adelmar's Schulter, sein Haupt ruhte an der Brust seines Johannes. „Meine Kinder, meine theuern, geliebten Kinder," sprach er feierlich, „nicht zurückdrängen kann ich die Gefühle, die mich durchbeben. Wollte ich sie gleich verschleiern um Euch nicht zu betrüben, wollte ich das hochbewegte Vaterherz beschwichtigen mit der Kraft des Willens, warum sollte ich es? Der Vater im Himmel, der uns erschaffen, er sammelt uns wieder ein gleich Garben, und warum sollten wir trauern, wenn er ruft? Eure Augen, in denen die Thränen der Kindesliebe glänzen, sagen mir, daß Ihr mich versteht, daß Ihr ahnet, was ich Euch sagen will. Ja, meine Geliebten, die Stunde ist nicht mehr fern, die mir zur Ruhe winkt, nur wenige Tage stehe ich noch an Eurer Seite. Es ist eine gewisse eine sichere Ahnung, die in mir spricht: Bis hieher und nicht weiter. Jerusalem, die Stadt, wo mein Heiland ruhte, hat auch ein Grab für mich, ich werde in der Erde schlafen, die seinen Körper eine Zeit lang barg."

„Weinet nicht, meine Kinder, Euer Vater ist alt und schwach, sein Gebein ist zerrüttet von tausend Leiden und Entsagungen — wollt ihr ihm nicht gönnen, daß er dem lichten Engel freudig entgegenschaut, der ihm das Auge schließen wird?!"

Adelmar und Johannes vermochten kein Wort auf die Rede des Vaters zu erwiedern. Ihre Seelen litten unaussprechlich bei jedem seiner Worte, die er mit heiliger Ruhe und einer schwärmerischen Sehnsucht nach dem Jenseits an sie richtete.

Längst war die Sonne untergegangen, schon leuchtete des Mondes milder Schimmer am wolkenlosen Himmel, da erhoben sich die drei Wanderer und schritten den Oelberg hinunter. Bald standen sie an den Mauern Jerusalems, die unter Gottfried von Bouillon *) neu errichtet, jetzt wieder zertrümmert über die alten, ehemaligen Mauern gestürzt waren. Nur hie und da erhob sich noch der Theil eines Wartthurms aus dem Schutte, dessen festes Gemäuer der Gewalt und Zeit getrotzt hatte.

„Ist das die Stadt, von der man sagt, sie sei vollkommener Schönheit des ganzen Erdkreises Lust?" klagte

---

*) Gottfried von Bouillon eroberte im Jahr 1097 an der Spitze der Kreuzfahrer Jerusalem, das jedoch schon 1291 durch den Sultan von Aegypten und Syrien den Christen wieder entrissen ward.

einst Jeremias auf Jerusalems Ruinen, und wahrlich die alte Herrlichkeit ist noch nicht wieder eingezogen bis zum heutigen Tage.

Unter den verwitterten Steinbogen des Thores Bal-el-Sibi-Mariam lagen und standen saracenische Krieger in bunter Unordnung. Als die Pilger sich nahten, traten sie ihnen entgegen und wollten den Eingang wehren. Als aber Theodorich den Geleitsbrief Saladins vorzeigte, warfen sie sich in den Staub und der Anführer der Männer geleitete die Fremdlinge durch eine lange verfallene Straße zu der Kirche des heiligen Grabes.

Trotz den vielen Bedrückungen, welche die Christen von den jetzigen Besitzern des Grabes Christi von jeher erbulden mußten, hat doch ein Mönchsorden treu ausgehalten an der geweihten Stätte. Es sind die Brüder vom Orden des heiligen Franz von Assisi, die unter unsäglichen Leiden und Entbehrungen das höchste Juwel der Christenheit schon seit Jahrhunderten bewachen. Sie erhalten sich von milden Beiträgen, die meistens aus Europa ihnen zufließen; mit Aufopferung alles weltlichen Glückes suchen sie die heiligen Orte zu erhalten und pflegen den Pilger, der aus fernem Lande zu ihnen gewallfahrtet. Zur Zeit der Kreuzzüge war ihre Anzahl sehr klein, der unversöhnliche Religionshaß, der nie heftiger als damals zwischen dem Kreuz und dem Halbmond entbrannte, legte ihnen unsägliche Leiden auf, und nur ein bis in das Innerste vom Glauben durchdrungenes Gemüth mochte ausdauern in jenen Tagen der Trübsal.

Theodorich und seine Söhne wurden auf's Herzlichste von den frommen Männern aufgenommen. Der Pater Leodegar, Guardian des Klosters, ein hoher, ehrwürdiger Greis, ließ ihnen Nahrung reichen, und nachdem die Brüder den Pilgern die Füße gewaschen, wurde ihnen eine große Zelle angewiesen. Erschöpft und ermüdet von Hitze und Weg, die Seele angefüllt von tausend Empfindungen, streckten sich die Wanderer auf die Laubkissen, die ihnen zum Ruhelager dienen sollten, und entschlummerten in Erwartung deſſen, was ihnen der kommende Tag bieten würde.

Die Orte, wo der Herr wandelte.

Kaum graute der Morgen im Oſten, da erhoben ſich die Pilger, und ſchritten hervor aus ihrer Zelle. Gern gewährte der ehrwürdige Guardian ihre Bitte, ſie zu den wichtigſten Orten zu führen, auf denen einſt Chriſtus wandelte. Bald befanden ſie ſich in einer unregelmäßigen Straße, überſäet mit Steinen und Trümmern, durch welche der Fuß kaum einen Weg fand. „Das iſt die Straße, welche der Herr wandelte, als ſie ihn zum Kreuze führten,“ bedeutete der Guardian den Fremdlingen, „an dieſem Thore kehrte er ſich zu den Weibern, die ſein Schickſal beweinten. — Hier erblickte ſein Auge die Mutter, die in unſäglichem Schmerze, umgeben von Henkern und Schergen, den hehren Sohn, groß und erhaben über alles Unheil, zum Tode ſchleppen ſah.“ —— Wer möchte die Empfindungen ſchildern, welche das Herz Theodorichs durchbebten, als er ſich mit den Söhnen an dieſen Denkmälern des höchſten Leidens befand, ſein Herz fühlte Alles inniger, tiefer, als die Andern, ihm hatte ja eine geheime Ahnung geſagt, daß er nie Jeruſalem verlaſſen, daß ſeine irdiſche Hülle begraben werde in dieſen Mauern.

An jeden Stein in der Straße, durch welche der Weg zum Gerichtshauſe des Pilatus führte, knüpfen ſich Erinnerungen. Staunend ſtanden die Pilger vor dem Pallaſte, in welchem Chriſtus verurtheilt ward; als hätte ein Erdbeben die ſtarken Mauern und ſtolzen Säulen zerbrochen, lag Alles umhergeſtreut. Einſt war die große

Steinmasse von Tausenden umwogt, die das Blut unsres Herrn verlangten. „Sein Blut komme über uns und unsre Kinder," tönte ihr Todesgeschrei. Sie forderten das Strafgericht Gottes heraus im unseligen Wahne, und es ist über alle gekommen furchtbar und entsetzlich.

Die Pilger fanden auf ihrer Wanderung die Stadt wie ausgestorben, nur hie und da erhob sich ein dürftiges Haus auf den Resten ehemaliger Prachtgebäude. An einigen Orten lagerten bewaffnete Männer, Söhne der Wüste, in weiße weite Gewänder gekleidet und reich bewaffnet. Ihr Auge folgte den damals seltenen Fremden mit einer Mischung von Neugierde und Wildheit. Vergebens suchte Abelmar's Auge unter den Bewohnern Jerusalems, die fast aus lauter Kriegern bestanden, eine Spur von dem Glanze zu finden, mit dem sich der Morgenländer so gern umgibt, und den er im Lager des Sultans bewundern mußte. Wie hätte aber auch der Schimmer des Reichthums und der Prachtliebe bestehen mögen vor den Denkmälern ehemaliger Herrlichkeit?

Theodorich trug Verlangen Gethsemane zu sehen, den Garten, nach welchem Christus so oft in der Mitte seiner Jünger wandelte, wo er in Todesangst betete, daß dieser Kelch von ihm genommen werde, und wo Judas ihn durch einen Kuß in die Hände seiner Feinde lieferte. „Den ich küssen werde, der ist's, den ergreift und führt ihn behutsam," sprach der verblendete Jünger. Was ist die Mordlust der Tausende die von Pilatus des Herrn Tod verlangten, gegen jenes Verbrechen? — Durch einen Kuß verrieth er ihn; das Zeichen der innigsten Liebe und Verehrung und nirgends heiliger als im Morgenlande. Wer kennt nicht die schönen Züge von Edelsinn und Großmuth, die des Orientalen Charakter schon geboten? Der Beduine der Wüste, raubgierig und mordlustig wie der Löwe der Wüste, er schützt seinen Todfeind, wenn er mit ihm Salz und Brod gegessen, und ihm die Stirn geküßt hat, der schönste Gruß des Friedens. — Judas Ischarioth verrieth seinen Herrn und Meister, nachdem er mit ihm das Brod getheilt, sein

Kuß lieferte ihn an das Kreuz. — Welche Erinnerungen
erweckt in dem Herzen des Pilgers jener Garten, der
Zeuge des ungeheuersten Verbrechens und der tiefsten
Todesnoth?

Unter Führung des ehrwürdigen Bruders, schritten
die Pilger durch dasselbe Thor, durch welches sie in
Jerusalem eingezogen waren. Gethsemane liegt hart am
Rande des Baches Kebron. Eine schlechte Mauer, nur
aus losen, über einander gelegten Steinen bestehend, um=
gab ihn. Seine Ausdehnung mochte wohl hundert
Schritte ins Gevierte betragen. Acht Oelbäume erhoben
sich in dem Innern aus dem Boden, der von wuchern=
dem Unkraut und Schlingpflanzen bedeckt war. Am
äußersten Ende des Gartens erblickten die Wanderer den
Ort, wo die Jünger schliefen, als der Herr sie verließ;
sie lagen in sanftem Schlummer, während er unermeß=
liche Qualen fühlte. Das Lager, auf dem die Apostel
ruhten, bestand aus Steinen, die man noch heutigen
Tages dem Pilgrim zeigt.

Unweit von dieser Stelle zeigte der Guardian
seinen Fremden die Grotte, in welcher Christus be=
tete. Sie war noch in demselben Zustande, in wel=
chem sie sich zur Zeit des Herrn befand, und bestand
aus sehr festem Stein, der eine Art von Gewölbe
bildete, das sich auf drei Säulen stützte. Durch eine
Höhlung in der Höhe fiel hinlängliches Licht, daß die
Pilger das Innere gut übersehen konnten, das nur
ein einfacher Altar zierte. Theodorich sank in diesem
Heiligthume auf die Kniee, neben ihm der Guardian,
Adelmar und Johannes. Längere Zeit beteten sie hier,
während das Andenken an den Heiland, der hier
für der Welt Sünden litt, in ihrem Innern lebendig
glühte.

Von der Grotte aus gelangten die Andächtigen zu
dem Orte, wo Judas den Herrn verrieth. Es war dies
ein Raum von ungefähr fünfzehn bis zwanzig Schritten,
zwischen zwei niedern Mauern gelegen. Hier erbebt das
Herz des Christen im heiligen Zorne über den Verräther,

der das Heiligste mit Füßen trat. Der unglückselige Augenblick, wo der Meister verhaftet ward, steigt mit allen seinen Schrecken vor seiner Seele auf. Hier glänzten einst in nächtlicher Stunde die Waffen der Schergen im grellen Lichte der Fackeln, denn der Verrath scheut das Sonnenlicht, darum erwählte der falsche Jünger die Nacht zu seinem Verbrechen. Und sogleich trat er zu Jesus und sprach: „Sei mir gegrüßt Meister!" und er küßte ihn. Jesus aber sprach zu ihm: „Freund, wozu bist Du gekommen?" Dann traten sie hinzu, und legten Hand an Jesus, und ergriffen ihn.

In tiefer Andacht kehrte Theodorich mit den Söhnen in das Kloster zurück, und sie verbrachten den übrigen Tag in ernsten Betrachtungen über das, was sie gesehen.

Achtzehntes Kapitel.

Das heilige Grab.

Wir haben unsere Leser durch verschiedene Theile Palästina's geführt, durch jenes Land, an das sich so unendliche Erinnerungen knüpfen; wir zeigten ihnen das Lager eines mächtigen Herrschers, und die stille Klause eines Eremiten, wir schilderten die glühende Wüste, und die Felsen von Engabbi in wechselnden Bildern, und bis in die Mauern Jerusalems folgten wir dem Greis Theodorich, dem ritterlichen Abelmar und seinem wiedergefundenen Bruder Johannes. Aber noch haben wir einen Ort nicht gesehen, der Alles gleich einem Diamant überstrahlt, gefeiert von allen Zungen, gepriesen von allen Nationen, die an Christum glauben — die Kirche des heiligen Grabes.

Die Kirche des heiligen Grabes ist seit fast anderthalb Jahrtausenden als das höchste Denkmal, das uns an den Herrn erinnert, betrachtet worden. Diese Kirche, deren Mauern alle Stätten, welche aus der Geschichte der Kreuzigung, des Begräbnisses und der Auferstehung Jesu bemerkenswerth sind, umschließen, hält in der Länge 126 und in der Breite 70 Schritte. Sie besteht aus mehreren Kirchen, ist auf dem Golgatha aufgeführt und von einer großen Menge Lampen erleuchtet.

Zur Zeit der Kreuzzüge war die Kirche noch in ihrer wunderbaren Schönheit, mit der sie zur Zeit Constantins des Großen erbaut worden war, und die durch einen großen Brand im Jahre 1808, wo der Theil, unmittelbar über dem heiligen Grabe selbst von den Flammen ergriffen wurde, donnernd zusammenstürzte; leider fehlte es an Mitteln, um Alles in der frühern Herrlichkeit wieder herzustellen; elende viereckige Pfeiler tragen jetzt die Kuppel, welche einst sich auf korinthische Säulen stützte. — Trotz allen Gräueln der Verwüstung, die über Jerusalem gezogen, ist doch das heilige Grab verschont geblieben vor Zerstörung, namentlich aus dem Grunde, weil die Anhänger Mohameds den „Propheten von Nazareth" hoch ehren, weil er so wunderbare Dinge verrichtet hat. Die wilden Horden, die einst Jerusalem den Händen der Christen, denen es Gottfried von Bouillon erobert, wieder entrissen, schauderten, die Brandfackel in die geweihte Kirche zu werfen, obgleich die goldenen und silbernen Altargefäße, kurz alle Reichthümer, welche der fromme Glaube dort gespendet, ihrer Habsucht nicht entgingen. Sie duldeten selbst, nachdem sie wieder Herren aller heiligen Orte waren, daß die armen Mönche, welche baten, an dem Grabe ihres Heilandes wachen zu dürfen, wieder in ihre Zellen zogen; was diese natürlich leiden mußten, läßt sich leicht denken; aber was thut nicht der Glaube? — Wurden die frommen Männer früh von den treulosen Beamten des Sultans geplündert, so fand sie der Abend am Fuße des Calvarienberges betend: „Herr, vergib ihnen, die da nicht wissen, was sie thun."

Von einigen Ordensgeistlichen begleitet, besuchte Theodorich mit seinen Söhnen die heilige Kirche. Ein

heiliges Dunkel, das die Pilger bei ihrem Eintritte umgab, machte ihr Herz doppelt empfänglich für die groß-
artigen Eindrücke, welche sie empfangen sollten. Nur hie
und da flimmerte eine Lampe in dem weiten Raume,
nur so viel Licht spendend, um das Denkmal oder die
Reliquie zu erleuchten, bei welcher sie angebracht war.
Als jedoch das Auge den plötzlichen Uebergang vom
Glanze der Sonne zu der in der Kirche herrschenden
Dämmerung mehr gewöhnt war, wirkte die Großartigkeit
des Gebäudes um so mehr auf die Schauenden.

Der erste Gegenstand, den sie erblickten, war der
Stein der Salbung, auf welchem der Körper des Herrn
mit kostbaren Spezereien eingerieben wurde, ehe sie ihn
in's Grab legten. Er war nur wenig über den Boden
erhaben und von einigen Lampen erhellt. Zur Rechten
des Eingangs, nur wenige Schritte von dem Steine der
Salbung, sahen sie den Calvarienberg. Derselbe hatte
die Höhe von ungefähr achtzehn bis zwanzig Schuhen
und trug zwei Kapellen. Die Pilger stiegen die Treppe,
welche zu demselben führte, hinauf. — In der einen Kapelle geleitete sie ihr Führer zu einem Altare. „Unter
diesem Altare," sprach er, „liegt der Ort, wo das Kreuz
erhöht ward, an welchem der Heiland verblutete, zwei
runde schwarze Steine bezeichnen den Ort, wo die Kreuze
der Missethäter standen." Theodorich sank mit den Söhnen auf die Kniee, und sie berührten mit den Lippen die
heiligen Stellen. Dann schritten sie in die andere Kapelle, diese deckt den Boden, wo Christus von den Henkern an das Kreuz geschlagen wurde, und war mit bun-
tem Mosaik, namentlich von rother Farbe, ausgelegt,
gleichsam um anzuzeigen, daß Gottes Sohn hier sein
Blut vergossen zum Heile der Menschheit.

Vom Calvarienberge aus führte der Weg unsere
Freunde zu einer andern kleinen Kapelle, welche von bun-
telm Marmor erbaut eine sehr wichtige Reliquie einschloß.
Es war dies die Säule der Beschimpfung, der Platz,
auf welchem Christus saß, als sie ihm die Dornenkrone
auf das Haupt drückten und ihn schlugen in das Hin-

melsantlitz, über das sein Blut floß. Nicht weit von dieser Marterstelle befand sich der Ort, wo die Soldaten sich in die Kleider des Gekreuzigten theilten, während er am Kreuze unter unsäglichen Schmerzen für seine Feinde betete und die treue Mutter, von namenlosem Jammer durchbebt, in die Arme der Freundinnen sank. Bei diesem Anblicke, der das Herz des Rohesten hätte erweichen müssen, würfelten die Knechte um das Kleid, das der Herr trug. Suchet Mitleid bei der Hyäne, aber nicht bei dem Menschen, dessen Brust der Wahn umschließt gleich einem undurchbringlichen Panzer.

Welche milden Gefühle erweckte dagegen der Platz, wo Jesus der Maria Magdalena als Gärtner erschien, in der Seele des Schauenden? Er war auferstanden und wandelte wieder auf Erden, Maria Magdalena aber ging hin und verkündete es denen, die um den Herrn trauerten. — Ein einfacher Altar bezeichnete die Stelle.

Gegenüber war die Kapelle der Erscheinung, hier erschien Christus das erste Mal seiner heiligen Mutter. Wie unendlich herrlich war dieses Wiedersehen nach den Tagen des Schreckens und Entsetzens für Maria; Alles war vergessen beim Anblick des göttlichen Sohnes.

Als die Pilger aus dieser Kapelle traten, fielen ihre Blicke auf ein majestätisches Rundgebäude im edelsten Style. Korinthische Säulen von meisterhafter Arbeit trugen eine kühn gewölbte Kuppel, durch welche das Tageslicht blendend hereindrang und mit dem Dunkel kämpfte, welches den übrigen Raum der Kirche füllte. In der Mitte und unter der Kuppel erhob sich ein Grabmal von gelbem und weißem Marmor in Form eines Leichengerüstes. In diesem Bauwerke lag — das Grab Christi.

Durch eine kleine Pforte auf der Ostseite gelangte man in das Innere und zuerst in die Kapelle des Engels, welche im Innern ganz aus Marmor bestand. In der Mitte erhob sich ein Postament, welches einen großen breiten Stein trägt. Auf diesem Steine saß der Engel, als die Frauen kamen, Jesu Körper einzubalsamiren:

„Den ihr suchet, der ist auferstanden und nicht mehr hier,“ sprach er. — Der Herr sandte seinen Engel, auf daß er die Weinenden tröste, die da kamen, ihrem Meister den letzten Liebesdienst zu erweisen.

Dem Postament gegenüber gewahrten die Pilger eine Oeffnung in Form einer kleinen Thüre. Mit gebücktem Körper schritten sie durch diese. Eine große Anzahl Lampen erhellte den kleinen Raum, in dem sie kaum zu gleicher Zeit Platz fanden. Dieses Kabinet bildete das Grab, in welchem der Heiland ruhte. Es war in den bloßen Felsen gehauen, aber mit Marmor überkleidet.

Nicht vermag es die Feder, die Seligkeit der Schauenden zu schildern, als sie an dieser Stätte weilten. Theodorich, dessen Seele so weich war von den ihn beherrschenden Gefühlen — zerfloß in Thränen, und seine Zunge lobte Gott, der ihn bis hieher geleitet.

Als aber Alle die Kirche verlassen, da wandte sich der greise Pilger zu dem ehrwürdigen Guardian und sprach: „Herr, ich habe eine Bitte, deren Erfüllung in Eurer Hand liegt, und die Ihr dem Fremdling gewähren wollet, wenn er bemüthig Euch darum ersucht. Mich drängt es eine Stunde allein zu bleiben an jenem heiligen Orte, den wir verlassen, um Gott und seinem eingebornen Sohne zu danken für das mir widerfahrene Heil. Ihr wisset selbst, Herr, daß in der Einsamkeit unser Gebet inniger und herzlicher ist, und unser ganzes inneres Wesen sich losreißt von den irdischen Banden. Wollet Ihr mir diesen Wunsch gewähren, und mir diese Nacht eine Stunde das Grab öffnen lassen, so segne Euch der Himmel für Eure christliche Liebe.“

Der Pater Guardian gewährte gern den Wunsch Theodorichs, um so mehr, da es Brauch von den ältesten Zeiten her war, daß man ausgezeichneten Pilgern diese Erlaubniß ertheilte und gewöhnlich die Nachtzeit dazu bestimmte, wo Niemand den Andächtigen störte.

Neunzehntes Kapitel.

Die Verklärung.

Faſt war es Mitternacht, Adelmar und Johannes ruhten im ſanften Schlafe. Da erhob ſich Theodorich von ſeinem Lager, öffnete leiſe die Thüre der Zelle und fand vor derſelben einen dienenden Bruder des Kloſters, der ihn erwartete. Theodorich bat ihn einen Augenblick um die Leuchte, die er trug, und trat noch einmal vor die theuren Söhne. An ihrer Seite ſank er nieder und ſchaute ſie lange an mit aller Liebe, die er zu ihnen hegte. Er ſollte ſie nicht wieder ſehen, das ſagte ihm die Stimme ſeines Innern, ſeine Zeit war gekommen. Wie gern hätte er noch einmal den Laut ihrer Stimme vernommen, wie gern ſie noch viele Male bei den Na= men genannt, die er ihnen gegeben.

Wer hat nicht in ſeinem Leben die unendliche Weh= muth des Scheidens von einem uns theuern Weſen ge= fühlt? Wer erinnert ſich nicht noch lang der letzten Stunden, die er bei ihm verweilte, und wo ſein Herz kaum Raum hatte für alle die Gefühle, welche in ihm lebten.

Theodorich betete eifrig für das Heil ſeiner Kinder, ſegnete ſie im Namen deſſen, der unſer Aller Schickſal leitet, und als die Schläge der Kloſteruhr Mitternacht verkündeten, da ſchritt er, kräftiger als je, mit ſeinem Führer durch die Gänge.

Tiefes Dunkel erfüllte die Kirche des heiligen Gra= bes, nur an wenig Orten brannte eine Lampe, deren Schein kaum einige Schritte weit reichte. Im überirdi= ſchen Glanze lag aber das heilige Grab da. Der Voll= mond warf ſeine ſilbernen Strahlen durch die Scheiben der Kuppel auf das herrliche Denkmal, jede Verzierung trat hervor im reinſten Lichte. Schauer des Erhabenen durchdrangen Theodorich, als ihn ſein Führer allein ließ.

„So wäre ich denn bei dem Grabe meines Hei=

landes," betete er, „Alles ist stumm und still, in den
Armen des Schlafes liegt der Glückliche und der von
Kummer Gepeinigte, doch wer ist auf der Welt jetzt se=
liger als ich? — Habe ich Deine Stimme verstanden,
Vater im Himmel, jene Stimme, die mir am Oelberg
sagte, daß Du mich bald aufnehmen wirst zu Dir? O
laß es in Erfüllung gehen, was mir ahnte, laß mich
eingehen zu Deinem Frieden. Ich habe hart gefehlt
auf dieser Welt, gefrevelt wie der ärgste Missethäter, da
ich wankte in dem Glauben an Deinen Sohn. Aber
ich habe gebüßt eine lange Kette von Jahren, daß mein
Gebein verwelkt ist unter Schmerzen und Entsagungen,
und Du hast Erbarmen mit dem reuigen Sünder. Ja
ich fühle es, mehr als je in dieser Stunde, Du hast mir
vergeben meine Schuld! und was soll ich noch wandeln
auf dieser Welt? die Söhne sind mir herangeblüht zu
herrlichen Männern, ihre Brust deckt das Kreuz der
Entsagung zur Sühne für des Vaters Schuld, — sie
bedürfen meiner nicht mehr. Hier laß mich sterben,
Herr, hier an dem Grabes Deines auferstandenen Soh=
nes schließe meine irdische Laufbahn." —

Immer eifriger betete der Greis, alle Kräfte und
Empfindungen strömten aus in seinen Worten, er gerieth
in eine Entzückung, die ihn von allen irdischen Fesseln
befreite. Ihm war es, als fülle der Schein des Mon=
des die ganze Kirche, deren Wände und Decke gleich
Wolken auf und nieder wogten. Ein wunderbares Klin=
gen und Singen umtönte ihn und tiefer senkten sich die
goldenen Wolken, in denen sich Engel mit Palmzweigen
wiegten und Lieder anstimmten zum Preise des Ewigen.
Und siehe aus dem Thore das in das Grab führte,
strömte ein Glanz, heller als das Licht der Sonne. Der
Greis aber ward nicht geblendet, sondern schaute fest
auf die Pforte, durch welche die Gestalt eines hohen
Mannes schritt. Ein weißer, lichter Mantel umgab die
Erscheinung, deren Antlitz ihres Gleichen nicht hatte auf
dieser Welt. Segnend streckte sie die Hand über den
Greis aus, Strahlen der ewigen Milde und Vergebung

glänzten in ihren Augen. „Mein Heiland Jesus Chri=
stus," jauchzte Theoborich — und war nicht mehr.

Zwanzigstes Kapitel.

Schluß.

Als der Mönch nach einer Stunde zurückkam, den
Pilger Theoborich abzuholen, lag dieser als Leiche an
den Stufen des heiligen Grabes. Des Bruders Kla=
geruf erweckte das ganze Kloster, Abelmar und Johan=
nes. Alle eilten schnell nach der Kirche. Sie fanden
den Greis mit halberhobenem Körper an eine Säule
gelehnt. Sein Antlitz trug den Glanz der Verklärung,
einer überirbischen Freude. „Er ist in Gott entschla=
fen," tröstete der Guardian die weinenden Söhne. „Der
Herr hat ihn gegeben, der Herr hat ihn genommen, sein
Name sei gelobt. Amen."

Am Fuße des Oelberges schläft Theoborich, kein
Kreuz, kein Stein bezeichnet mehr den Ort. Der Strom
der Zeit hat alles verändert. — Abelmar und Johan=
nes aber wanderten zurück, von wannen sie gekommen
waren. Bald entbrannte der alte Kampf, in welchem
die beiden Brüder ritterlich und unzertrennlich fochten.
In heißer Schlacht errangen sie einst die Märtyrerkrone
und Engel trugen sie in die Arme des Vaters.

Inhalt.